À Antonia, Liam et June,
ce vif plaidoyer en faveur
d'un monde plus apaisé.

DU MÊME AUTEUR

Le bonheur d'être protestant : convictions et prédications, à paraître au printemps 2020.
L'Union européenne en dix leçons, éd. L'Esprit des Lois, 17e éd., 2020.
Problèmes économiques contemporains, éd. Archétype, 14e éd., 2017.
Macroéconomie 1, éd. L'esprit des Lois, 6e éd, 2017.
Histoire de la pensée économique, éd. L'Esprit des Lois, 6e éd., 2016.
Macroéconomie : exercices corrigés, éd. L'Esprit des Lois, 3e éd, 2015.
Micro-économie : exercices corrigés, éd. L'Esprit des Lois, 5e éd, 2015.
Macroéconomie 2, éd. L'esprit des Lois, 6e éd., 2014.
Leçons de microanalyse, éd. Archétype, 5e éd. 2012.
Macroéconomie élémentaire, éd. L'Esprit des Lois, 2005.
L'essentiel en macro et en micro, éd. Synonyme, 2004.
Rudiments d'économie : pensées et concepts, éd. L'Esprit des Lois, 2003.
Macroéconomie : exercices corrigés, éd. Synonyme, 2e édition, 2002.
Introduction à la théorie macroéconomique, éd. Dunod, 2000.
La France face à la mondialisation, éd. L'Harmattan, 1999.
Économie politique, tome 1, éd. Litec, 3e édition, 1996.
Analyse économique élémentaire, éd. Litec, 3e édition, 1995.
L'économie en pratique, éd. Litec, 3e édition, 1995.
Économie politique, tome 2, éd. Litec, 2e édition, 1993.
Théorie micro-économique, éd. Litec, 2e édition, 1992.
Micro fondations de la théorie les prix, éd. Les Cours du droit, 1989.
La traversée de la Seine, éd. France Empire, 1987.
Introduction à la macroanalyse, éd. Les Cours du droit, 1986.
*La Cité de Londre*s, éd. Economica, 1983.
Économie de la répartition, éd. Les Cours du droit, 1981.

L'auteur a par ailleurs dirigé quatre ouvrages de contributions coordonnées et participé à la rédaction de plus d'une trentaine de livres publiés en nom collectif.

5-7, rue de l'École-Polytechnique – 75005 Paris
www.editions-harmattan.fr
ISBN : 978-2-343-19336-6
EAN : 9782343193366

Alain REDSLOB

ÉVIDENCES ÉCONOMIQUES D'HIER ET D'AUJOURD'HUI

Pensées, innovations, mutations

L'Harmattan

« L'esprit humain ne peut rien créer ;
il ne produira qu'après avoir été fécondé
par l'expérience et la méditation ;
ses connaissances sont les germes
de ses productions »
Georges-Louis LECLERC
Comte de Buffon

PROLOGUE

Quand la tombée du soir vient nimber une carrière, éclosent des évidences qui, sans fatuité mais avec conviction, se muent en quasi-certitudes. Fruits de recherches, d'échanges, d'enseignements et de réflexions, les lignes qui suivent ont été commises dans l'espoir de faire prospérer celles qui inspirent l'auteur.

Ainsi des idées qui, qu'on le veuille ou non, restent rarement disjointes des faits qui brodent l'époque où elles voient le jour. Les chapitres dédiés tant à la recherche économique qu'aux fondements du développement durable s'ingénient à le souligner.

Ainsi des innovations qui attestent l'évolution de contextes bouillonnants d'initiatives. L'évocation de l'intelligence économique, de l'avènement de l'euro, des rôles impartis à l'État et au marché ou encore du surgissement des cryptoactifs le prouve.

Ainsi des mutations enfin qui, à l'instar de la construction européenne ou de la mondialisation, ne sont chiches ni d'avatars ni de questionnements.

Quel que soit l'éclairage que privilégie l'économiste, force lui revient de méditer les leçons de l'expérience, consubstantielles à tout raisonnement, de se méfier des spéculations par trop abstraites, désincarnées par nature, et d'éviter de camper des postures idéologiques, a fortiori *réductrices. C'est à cette triple aune que ces pages ont été rédigées, closes qu'elles se trouvent par l'énoncé d'aphorismes où, parfois, pointe un brin d'ironie.*

CHAPITRE 1

LA RECHERCHE ÉCONOMIQUE AU TRAVERS DES ÂGES[1]

Une question taraude l'esprit, si elle ne le torture : comment se fait-il qu'au rebours de tant d'autres arts, le terme d'économie politique ne fut inventé qu'en 1615 par Antoine de Montchrestien et que celui d'économistes ne fut usité pour la première fois que dans les années 60 du XVIIIe siècle pour qualifier les membres de la *Secte des physiocrates* ? Voilà qui est rare sur le curseur de l'histoire. Dures, sociales ou artistiques, la plupart des disciplines date en effet du temps où la pensée a éclot : peinture, sculpture, musique, poésie, géométrie, littérature, géographie, philosophie, histoire, astronomie, médecine, sismologie… ont, fort tôt, abondé la cognition. Avançons une interprétation : l'économie n'ayant eu que la subsistance pour but, elle ne pouvait instiguer de savantes spéculations ; en revanche, sitôt que les frémissements de la technique aidèrent à l'envol des sociétés, la réflexion s'imposa. Ainsi fit-elle son entrée dans le palais du savoir, non sans connexité avec d'autres sciences.

---

[1] Quelque peu remanié, ce texte reprend l'essentiel du rapport introductif intitulé « *Sur l'intemporalité de l'efficacité de la recherche économique* » que nous avons présenté en mai 2019 à l'université Bernardo O'Higgins de Santiago du Chili lors de la tenue du 61ème Congrès de l'Association Internationale des Économistes de Langue Française (AIELF) que nous avons l'honneur de présider.

La question de l'efficacité de la recherche économique est en soi délicate. L'aborder rend perplexe au point d'être dérouté. En pareil embarras, s'en remettre au poète peut être d'un précieux secours. Dans son *Faust,* Johann Wolfgang Goethe (1789-1832) prétend que « *l'homme erre tant qu'il s'efforce et cherche » ;* un peu plus tard, dans ses *Pensées*, le poète roumain Mihai Eminescu (1850-1889) semble lui faire écho en arguant que *« les gens se divisent en deux catégories : les uns cherchent et ne trouvent pas, les autres trouvent et ne sont pas contents ».* Friand de synthèse, l'auteur de ces lignes s'est évertué à chercher sans errer, et à trouver en restant content. En sorte que ses propos seront ordonnés d'après un ordre chronologique car l'efficacité, dont l'étymologie latine signifie *« production d'effet »,* s'est déclinée à l'aune des besoins du moment. Aussi soutiendra-t-on que trois périodes ont déroulé une fresque teintée d'intemporalité : celle d'une recherche empirique à portée pragmatique, celle d'une recherche théorique à dessein dogmatique, celle d'une recherche éclectique à visée politique. Pénétrons donc dans la galerie de la pensée économique afin d'en apprécier le rayonnement de ses illustres figures et d'en savourer ses horizons prometteurs.

RECHERCHE EMPIRIQUE À PORTÉE PRAGMATIQUE

Trois phases de l'histoire composent la première période : l'Antiquité, le Moyen-âge, la Renaissance.

L'Antiquité

Aux temps les plus reculés, l'économie n'est qu'un moyen au service des ambitions des États ou des idéaux de leurs souverains. Méditons quelques exemples, en Orient comme en Occident.

En Orient

Dans sa partie lointaine, en Chine, la société s'organise autour de *cités-palais* bien avant le Christ : inductrices de dépendances sociales et religieuses, elles reposent sur un noyau, le palais, et se fixent la défense de la paysannerie pour mission. Une préoccupation économique affleure, donc. Éclosent alors des écoles qui arrêtent et véhiculent des principes de vie singuliers. Celle des Lettrés, fondée par Confucius (551-479 av. J.-C.), ancrée dans la morale et pétrie de générosité, invite le gouvernement à veiller à l'équité. Celle des Légistes, conduite par Kouang-Tchong, allègue plusieurs présupposés : la terre produit la richesse, la valeur de la monnaie est reliée à la vitalité des récoltes, les prix oscillent en raison inverse des quantités disponibles, la présence de l'État est de tous les instants, cependant que les concepts de consommation, d'épargne, de revenu et de production sont mis en relation.

De semblable manière, au cœur du Moyen-Orient, des cités-États s'érigent, telle celle d'Ur en Mésopotamie, bien connue des cruciverbistes. En ces communautés, des découvertes d'importance se font jour : près de deux millénaires avant le Christ, le code Hammourabi réglemente les relations entre créanciers et débiteurs, la première comptabilité est créée, le « sicle » devient monnaie circulante, les concepts de prix et de marchés sont disputés. Rien que de pragmatique, on le concédera aisément.

En terre de Pharaon, l'Ancien et le Moyen Empire sont les siècles à retenir bien que, de tout temps, la question de l'irrigation des terres arables y fût centrale. Lors de l'Ancien Empire (2700-2160 av. J.-C.), les érections de temples et des pyramides de Gizeh rivalisent de prouesses techniques et octroient des centaines de milliers d'emplois tout en creusant des déficits publics abyssaux. Durant le Moyen Empire (2065-1785), prospérité économique, développement des fermes, exploitation des gisements miniers, constructions de fortifications militaires constituent les traits les plus marquants. Là encore, le pragmatisme est de mise.

En Occident

À Athènes, au siècle de Périclès, la pensée de Socrate remet la nature humaine à l'honneur, reléguant la préoccupation des choses matérielles à un rang subalterne. Toutefois, parmi ses disciples, Xénophon (430-355), Platon (428-347) et Aristote (384-322) se piquèrent d'économie, fût-elle sciemment nimbée de morale. Le premier centre sa réflexion sur le concept d'utilité, chante la ruralité et recommande l'expansion du commerce maritime. L'appel à l'interventionnisme est plus flagrant chez Platon, surtout dans *La République*, alors que dans *Les Lois*, son rigorisme s'infléchit, l'étatisme remplace le communisme des biens et des personnes, et l'argent se trouve décrié. Ce dénigrement culmine chez Aristote qui, dans *La Politique*, oppose l'économie de nature (*chrématistique naturelle*), destinée à combler nos besoins, à l'économie de richesse (*chrématistique mercantile*) visant à accumuler l'argent, contraste qui l'amène à condamner le prêt à intérêt. Lui revient le mérite d'avoir explicité le distinguo valeur d'usage - valeur d'échange, et d'avoir découvert les trois fonctions de la monnaie, unité de compte, réserve de valeur, instrument d'échange. Un bon demi-siècle plus tard, l'épicurisme vint contredire ses allégations : professant des thèses rationalistes et athées, son fondateur (-341-270) se fit le chantre de l'individualisme hédonistique, concept promis au plus bel avenir.

La pensée économique, en revanche, est restée lettre morte à Rome. Quelques manuels d'économie rurale y voient bien le jour, ceux rédigés par les fameux *scriptores de re rustica* tels Caton, Veron, Columelle ou Pline l'Ancien ; des conseils adressés au prince y éclipsent toute analyse digne de ce nom. Salluste et Tite-Live, moralistes historiens, Virgile ou Horace, poètes renommés, Martial et Juvénal, satiriques patentés, éditent tous des œuvres où perce une critique acérée de la richesse et de l'argent. Quant à l'influence de l'étatisme au Bas-Empire, elle est avérée, car le dirigisme s'affirme, comme l'atteste l'édit de Dioclétien sur les prix en 301. Bref, une quête de l'efficacité, certes, mais d'essence toute pragmatique.

Un mot encore de l'apport de la pensée judéo-chrétienne. Dans le Premier Testament, au livre du Deutéronome, le prêt à intérêt concédé à un frère est proscrit, mais permis s'il l'est à un étranger. De même, l'alternance des sept années de vaches grasses et des sept années de vaches maigres compose une antique métaphore de la présence de cycles. Avec le Second Testament, la thésaurisation est condamnée, le travail vanté et une répartition plus équitable des revenus invoquée. Tous ces préceptes seront approfondis par les auteurs de la patristique, à l'instar de Saint-Jean Chrysostome en Orient ou de Saint-Augustin en Occident ; par leur truchement, la proclamation de la stérilité de l'argent et la quête du juste prix influenceront les penseurs médiévaux.

Le Moyen-Âge

Sans prétendre à l'exhaustivité, plusieurs courants de pensée se proposent.

Islam, thomisme et antiscolasticisme

L'éclosion (VIIe siècle), puis l'expansion de l'Islam d'abord vers la Syrie, l'Égypte et la Perse, puis vers l'Afrique du Nord, enfin en direction de l'Inde et de l'Espagne érigent un pont entre les réflexions antiques et les suggestions médiévales. À preuves, nombre de foyers culturels en résultèrent ; les philosophes persan Ibn Sina (980-1037) et arabe Ibn Rushd (1126-1198), plus connus sous les noms d'Avicenne et d'Averroès, y propagent les pensées de Platon et d'Aristote qu'ils avaient traduites en prenant le soin d'en aiguiser la critique de la chrématistique mercantile. Les méditations de Saint Thomas d'Aquin, disciple d'un disciple d'Averroès, en dérivent. Défenseur de la propriété privée jugée plus efficace que la propriété collective, protagoniste d'une répartition juste des gains et partisan d'une conception fort restrictive de l'argent[2], ce savant docteur de l'Église travaille également la notion de juste prix, la justesse reposant sur l'estimation commune[3]. Aussitôt, ses vues ont généré nombre d'oppositions qu'illustrèrent les écrits de Jean Buridan, de son disciple Nicolas Oresme ou encore du philosophe allemand Gabriel Biel et du jésuite espagnol Luis de Molina, pour ne mentionner qu'eux. Mais toutes leurs considérations traitent de problèmes concrets tels le coût, l'utilité, le profit, l'escompte et les mutations monétaires, si fréquentes à l'époque. Bref, là encore, une approche éminemment empirique fait autorité.

La pensée arabo-musulmane

Dans le Coran, cependant que le commerce est autorisé, l'intérêt y est défendu de sorte que Juifs, Chrétiens et Musulmans se rejoignent dans la condamnation de l'usure. En outre, la thésaurisation y est blâmée, tout comme dans le Second Testament. Enfin, tout en pardonnant ici comme ailleurs la minceur de nos connaissances, on soulignera que des questions aussi pratiques que celles touchant le

---

[2]« *Pecunia pecuniam non parit* » : l'argent n'engendre pas l'argent.
[3]« *Communis aestimatio* » : estimation commune.

commerce, l'artisanat, l'agriculture, la spéculation, la fraude, la famine, les excès fiscaux, la fonction des dépenses publiques, les fluctuations de prix, l'existence de monopoles… ont été âprement débattues au cours des siècles qui suivirent.

Donc, force est de constater que l'ère médiévale est aussi imprégnée d'empirisme que celle qui l'avait précédée. Ainsi en alla-t-il de celle qui la suivit, donc de la Renaissance.

La Renaissance

Période bouillonnante s'il en fut, dans les arts, dans les sciences, dans les lettres, dans la religion, la Renaissance marque l'aube du mercantilisme qui s'étirera jusqu'au XVIIIe siècle. Ce courant n'est qu'une ode au pragmatisme. Plus que des penseurs, les mercantilistes sont en effet des praticiens pressés - avocats, négociants, hommes de cour, gérants de compagnies coloniales… - qui préfèrent le réel au vrai en se distanciant, de fait, des principes moraux qui avaient si profondément estampillé les siècles précédents.

Ce n'est pas une théorie qui naît, mais plutôt une discipline. Loin d'être homogène, elle partage des idées simples : accumuler des métaux précieux, favoriser le protectionnisme, promouvoir l'étatisme, stimuler la natalité. Par-delà ce patrimoine commun, elle se décline en options - bullioniste, commercialiste, industrialiste, fiduciaire, caméraliste – qui voient le jour dans différents pays - Portugal, Espagne, France, Grande-Bretagne, Allemagne, Provinces-Unies alias Pays-Bas.

Sans nul doute, la concrétude demeure prégnante. La tentative de quantification de la production perce sous la plume de William Petty, la centralité de la monnaie préoccupe Sir Thomas Gresham, l'érection de barrières douanières obnubile Luis de Ortiz, le dynamisme de l'activité commerciale hante Thomas Mun, le maintien d'un taux d'intérêt bas obsède Sir Josiah Child, l'agriculture et les travaux publics accaparent Sully, Barthélémy de Laffemas dénonce la sous-consommation, le cardinal de Richelieu encourage l'essor des compagnies coloniales, la multiplication des comptoirs et des manufactures est œuvre de Colbert, la bonne gestion des comptes publics agite - déjà ? - les auteurs allemands Gottlob von Justi et Joseph von Sonnenfels…

En définitive, de la plus haute Antiquité jusqu'au Siècle des Lumières, il paraît évident que la recherche empirique à portée pragmatique a dominé. À compter de cette ère, la tonalité ne sera de loin plus la même.

RECHERCHE THÉORIQUE À DESSEIN DOGMATIQUE

En 1715, le Roi-Soleil s'éteint et, avec lui, l'hégémonie française : l'Europe devient anglaise. S'estompe cet âge d'or qu'avaient si bellement enorgueilli Molière, Vaugelas, Racine, La Fontaine, Corneille, Boileau, La Bruyère, Madame de Sévigné, Fénelon… dans les lettres, Le Brun, Mignard, les frères Le Nain, Poussin, Le Lorrain… en peinture, Le Vau, Mansart… en architecture, Descartes, Pascal, de Fermat… en mathématiques, Couperin, Lully, Rameau… en musique, de Roberval, Picard, Mariotte… en physique, la liste n'étant exhaustive ni en termes de génies ni en ceux de disciplines. Ce basculement qu'accompagna l'émergence de modes de raisonnement neufs préfigura un nouvel âge. Le libéralisme vagit, se répandit, avant que d'être la cible de vives contestations dont le marxisme ne fut pas la moindre et, plus tard, de subir une quasi-métempsycose à l'instigation des marginalistes.

Le libéralisme

Dans ses limbes, deux courants de pensée prennent forme. D'inspiration française et éprise de liberté, la physiocratie en constitue le premier, tandis que le second, nourri à la fois par des réflexions britanniques et françaises, inaugure le classicisme. Un point les soude : la croyance en des *lois naturelles* qui transcendent les lois civiles. Si cette idée avait déjà été travaillée, elle ne l'avait pas été dans un sens analytique : les normes aristotéliciennes ou les finalisations thomistes en témoignent. À présent, la préoccupation devient théorique, voire incantatoire : en poursuivant son propre intérêt, tout individu sert autrui, fait qui, sous réserve de liberté et d'appropriation privée, concrétise une volonté providentielle. L'évolution à faire de la loi un dérivé de la nature des choses triomphe et porte au pinacle les thèses du philosophe John Locke (1632-1704), du penseur Charles de Montesquieu (1689-1755) ou du satiriste Bernard de Mandeville.

La composante physiocratique

La physiocratie est libérale, sans le moindre doute. La philosophie sur laquelle elle repose postule l'existence d'un ordre naturel dû à la divine Providence. Aussi importe-t-il de ne point s'y opposer : laisser-faire et laissez-passer sont érigés au rang de préceptes. Bien sûr, il n'est pas niable que certains écrits furent descriptifs, à l'instar du *Tableau économique* de François Quesnay (1758) ou des réflexions d'Anne-Robert Turgot tant sur les rendements non proportionnels que sur la hiérarchisation du taux d'intérêt. Il demeure qu'au rebours du mercantilisme la physiocratie a façonné une authentique doctrine qui s'est transformée en une discipline désireuse de découvrir les lois gouvernant l'accumulation des richesses, dont la terre et l'agriculture scellèrent le nœud gordien. Quoiqu'il en fût, la quête de la liberté en est restée le maître-mot.

La composante classique

Le libéralisme, en vérité, fut davantage doctrinaire. Bien que Smith, Ricardo, Malthus, Mill, Longfield, Senior et d'autres encore s'opposassent sur la notion de valeur, le point de vue défendu par Ricardo, celui de la valeur travail incorporé, prévalut ; mais avouons que ce concept est de nulle portée pratique. Dans le domaine de la répartition des revenus, les analyses classiques pêchent par la défense de présupposés contestables : le choix d'un temps long, la théorie du fonds de salaire, la rente différentielle, le profit résiduel tendanciellement déclinant, des approches globales sommaires. Vantée par les uns, décriée par d'autres, la théorie quantitative de la monnaie relève de la supputation et la distribution équitable du stock d'or mondial qui en découle d'une vue de l'esprit. Par-delà ces insuffisances, les théories des avantages absolus d'Adam Smith, des coûts comparatifs de David Ricardo ou des valeurs internationales de John Stuart Mill n'ont point d'autre prétention que celle de sacraliser le libre-échange. En outre, la loi des débouchés de Jean-Baptiste Say qui sous-tend l'automatisme de l'équilibre et celle de population de Robert Malthus qui prédit une fin cataclysmique dépeignent deux versants, l'un optimiste, l'autre pessimiste, d'une pharmacopée manifestement dissociée du réel. La dogmatique, rien que la dogmatique ! Convenons du reste que toutes les préconisations libérales ne furent guère suivies dans les faits, quand elles ne furent pas contredites par eux. Prescriptions, agissements et résultats débouchent sur un divorce sidérant. Dans cet univers tant imprégné de philosophie individualiste et si tributaire d'une mécanicité aussi séduisante qu'erronée, il convient de ne retenir qu'un message primordial : la poursuite de l'intérêt individuel, auréolée d'un climat de concurrence, forge la clé du bien-être économique et social. L'incantatoire est patent, la concrétude maigrelette.

Parce qu'elle ignore une psychologie autre que basée sur l'intérêt personnel, table sur une longueur de temps étrangère au règne du vivant, fait la portion congrue aux modifications des structures et minore les changements institutionnels, la synthèse classique, aussi grandiose fut-elle, subordonne l'homme à l'économique, et non l'inverse. Ses contradicteurs en furent allaités.

Le socialisme

La profusion des tensions coloniales, économiques et sociales favorisa la formation des courants de pensée antilibéraux. Parmi eux, le socialisme occupe une place de choix, bien qu'il soit préférable de faire état de socialismes plutôt que d'un seul, tant il est vrai que le socialisme idéaliste et le socialisme révolutionnaire partagent peu de points communs mais aussi parce que la géographie de leur implantation est éparse.

Le courant utopiste

La pensée utopiste fut diverse et variée. Par essence, elle se situe hors du champ du réel. C'est palpable chez Claude Henri de Rouvroy, comte de Saint-Simon (1760-1825), qui initia une voie *aristocratique* dont la seule accointance avec le socialisme tenait dans son obsession à organiser la vie des êtres et l'ordonnancement des choses ; l'idéalisme culmina chez un de ses disciples, Prosper Enfantin, qui dérapa dans la loufoquerie en se couronnant Christ des nations, et fut aussi présent chez un autre, Saint-Amand Bazard, qui préconisa l'élimination physique des patrons.

Une autre voie, qualifiée de *technocratique*, fut tracée par Jean-Charles Léonard de Sismondi (1773-1842) : à une critique solidement argumentée faisant affleurer deux concepts appelés à un bel avenir, la mieux-value et la concentration du capital, fit suite une thérapeutique aussi molle qu'incertaine, signant là la louable crainte des utopistes de voir les libertés publiques engloutir les libertés privées. Une voie *associationniste* fut esquissée de façon hasardeuse par le français Charles Fourier (1772-1837), inventeur des phalanstères, mais de manière probante par l'anglais Robert Owen (1771-1858), bâtisseur d'une entreprise modèle, à New Lanark, en Écosse du sud. Enfin, Pierre-Joseph Proudhon (1809-1864) fraya la voie *populiste*, condamnant avec la dernière énergie et la propriété et l'inégalité. Sans compter la kyrielle de disciples, intellectuels ou praticiens, des fondateurs du socialisme du rêve où la chimère le disputa à la stérilité…

Le courant scientifique

Le socialisme scientifique connut une tout autre envergure. Son porte-drapeau en fut Karl Marx même si, depuis 1844, date de sa rencontre avec Friedrich Engels, il est permis de se demander lequel des deux penseurs exerça un ascendant sur l'autre : au fond, peu nous chaud. La thèse défendue ici tient en ce que si Marx fut le remarquable protagoniste d'une philosophie de l'histoire radicalement neuve tout autant qu'un homme au sens politique aiguisé et sincère, il fut nettement moins novateur en économie si bien que, toute ironie mise à part, il n'est pas incongru de soutenir qu'analytiquement il fut le dernier des Classiques ! À preuves, sa théorie de la valeur n'est qu'une reprise, certes affinée, de celle imaginée par Ricardo. Sa thèse de la plus-value, emprunt direct à Sismondi qu'il se plaisait à ravaler au rang de père du socialisme petit-bourgeois, ne plonge-t-elle pas ses racines dans les écrits de Smith, lequel avait justement observé que les travailleurs ne percevaient pas l'intégralité de la contrepartie de leurs efforts ? Sa théorie micro-économique du profit, drapée du nom lyrique de théorie de la migration du capital, n'est-elle pas un copier/coller de la théorie libérale d'égalisation des prix des facteurs de la production ? Quant à sa version macroéconomique, connue sous le nom de baisse tendancielle du taux de profit, elle n'est qu'un plagiat, à mots couverts, des conclusions du modèle de concurrence pure et parfaite de longue période. Dans tous ses écrits, l'économique se trouve ostensiblement subordonné au politique, voilà tout. La rédaction du *Manifeste* de même que celle du *Capital* l'attestent. Donc, la récurrence des crises économiques abordée davantage sur le plan idéologique qu'analytique, l'opposition des classes creusée sous l'angle politique plus que sociologique et l'effondrement du capitalisme que les mouvements révolutionnaires doivent précipiter sont autant d'allégations venant corroborer la suprématie du politique sur l'économique. En tout cas, force est d'admettre que le marxisme tranche d'avec les abstractions classiques, réticentes à l'intervention publique, mais aussi d'avec les suggestions idéalistes, frileuses elles aussi au regard de l'étatisme pour les raisons susmentionnées.

Les autres courants

Avant que d'aborder le troisième courant dogmatique, il importe de signaler que le libéralisme fut contesté par d'autres auteurs non socialistes[4]. Songeons aux protectionnistes, aux étatistes, aux sociologues, aux historicistes et aux ingénieurs qui, sans s'affilier à une

[4] Nous les mentionnons ici par commodité car ils furent des contemporains des auteurs socialistes.

idéologie pour la plupart, ne renoncèrent pas tous à la tentation théorique : Friedrich List (1789-1846), Gustav Schmoller (1838-1937), Jules Dupuit (1804-1866), Augustin Cournot (1801-1877) ou Émile Cheysson comptèrent parmi eux.

Le marginalisme

Avec le marginalisme, le dogmatisme ordonne à nouveau puisque ses pères fondateurs - Léon Walras (1834-1910), Stanley Jevons (1835-1882) et Carl Menger (1840-1921) -, tout comme leurs innombrables descendants, se réclamèrent du libéralisme. Toutefois, on aurait pu s'attendre à ce qu'avertis des critiques qui avaient griffé leurs prédécesseurs classiques ils s'employassent à en corriger les excès. Il n'en fut rien. Bien au contraire, ils s'efforcent de concevoir des modèles bardés d'abstractions destinés à faire de l'économie politique une science philosophiquement neutre, pêché capital s'il en est ! Là encore, étayons notre thèse. Majoritairement objective chez les Classiques, la théorie néo-classique de la valeur devient unanimement subjective : Walras la fonde sur la rareté relative, Jevons sur le degré final d'utilité, Menger sur l'intensité ressentie du dernier besoin. Disciple de Menger et lecteur de Jevons, l'allemand Eugen von Böhm-Bawerk (1851-1914) ébauche une théorie du capital qui, scellée à de solides bases mathématiques et graphiques, démontre que les facteurs de la production sont rémunérés à leur produit marginal. Walras, Fischer, Marshall, Pigou, Robertson et le Keynes d'avant 1930 se chamaillent à l'envi à propos du quantitativisme et de la supputation dichotomique. S'adonnant à l'étude de l'équilibre partiel et du temps, Alfred Marshall (1842-1924), lui aussi, s'adonne à la spéculation en l'enrichissant de plusieurs outils - élasticités, surplus, prix d'offre, prix de demande, externalités - tout en se questionnant sur la rétribution des facteurs et les rendements croissants, antiques prémices de la croissance endogène. Enfin, de manière apothéotique, la construction walraso-parétienne vient couronner ces travaux rébarbatifs. En conclusion, avec les marginalistes, la recherche théorique ne domine pas, elle règne, érigeant à nouveau le libéralisme en dogme. Les temps modernes infléchiront ces tendances.

RECHERCHE ÉCLECTIQUE À VISÉE POLITIQUE

On ne peut passer sous silence l'apport de John Maynard Keynes (1883-1946), vu que sa dénonciation du libéralisme au relent sulfureux et l'intention qui l'animait, l'extraction de l'économie de l'ornière dans laquelle elle avait versé, était surtout d'ordre pragmatique. Postérieurement à lui, la science économique a profondément évolué, tantôt en rénovant sa méthodologie, tantôt en élargissant son périmètre analytique.

Les apports du keynésianisme

Publié en 1936, ce brûlot antilibéral que renferme la *Théorie générale de l'emploi, de l'intérêt et de la monnaie* aide à divulguer ce qu'on a dénommé la révolution keynésienne. En effet, son auteur y réfute les principes classiques tel celui, sacro-saint, de l'équilibre pérenne, y substitue une vue macroéconomique à l'approche microéconomique, y préconise l'étatisme au détriment du laisser-faire. Épousant une optique de demande, pareille construction vise à rendre la mécanique des prix inopérante et interdit les marchés d'être livrés à eux-mêmes. Le contraste d'avec l'analyse classique est flagrant vu que, aux plans théorique et empirique, l'appel à l'État est recommandé. Sans le moindre adossement au socialisme, cette rupture analytique qu'une étude sérieuse des marchés du travail, des biens et de la monnaie ne tarde pas à faire poindre, conduisit à un renouveau conceptuel dont le substrat, on le sait, fut pétri de demande globale, de chômage involontaire, d'épargne liée au revenu et de préférence pour la liquidité. D'une épure théorique autant rénovée ne pouvait naître qu'un arsenal de recommandations économiques inédites : l'aveu de la fonctionnalité des déficits publics, le maintien d'une politique d'argent à bon marché, la mise en œuvre d'un protectionnisme calibré et la refondation du système monétaire international comptèrent parmi les plus saillantes. Au fond, la fascination de Keynes tient en peu : la quête du plein-emploi au moyen d'une stimulation de la demande effective. Et souvenons-nous que cette dernière avait eu une aïeule en celle de demande efficace inventée par Malthus, fait que signale Keynes en appendice de son œuvre. Efficace, ou *« efficax »* en latin, c'est produire de l'effet, donc se maintenir au cœur du thème sous revue. Cela n'empêcha pas, au soir des Trente Glorieuses, le keynésianisme de s'enliser dans les sables mouvants de l'histoire.

Face aux enraiements du laisser-faire et de l'étatisme, les économistes s'interrogèrent à juste titre sur l'efficacité de leurs conjectures. D'aucuns s'ingénièrent à en remodeler la méthodologie, d'autres à en étendre le champ analytique.

Les refondations méthodologiques

Moult approfondissements et prolongements affectèrent keynésianisme, libéralisme et socialisme. Ils furent aussi divers que variés.

La filiation keynésienne

Les recherches keynésiennes contemporaines se rapportent à la théorie et à la pratique. S'agissant du premier filon, longtemps après la synthèse IS-LM initiée par le néokeynésien John Hicks (1904-1989) et destinée à réconcilier Keynésiens et Libéraux dès 1937, il convient de répertorier *la nouvelle microéconomie keynésienne* qui fait de la lenteur des ajustements une des clés de voûte de son argumentation ; ainsi, à la rigidité postulée de la variable prix dans la *Théorie générale* fait suite une viscosité imputable à l'asymétrie d'information qui, toutefois, n'exclut pas des éléments d'optimalité. Pour sa part, *la théorie des incitations,* elle aussi dotée d'un vocable spécifique - principal/agent, sélection adverse, aléa moral… - décrit les relations entre acteurs de la vie économique en présence d'information inégalement répartie. *La théorie des contrats*, implicites ou imbriqués, expose comment la passation d'accords rigidifie les prix sans obérer l'obtention d'optima de second rang. Et puis, non sans connexité avec celle des organisations, *la théorie de la segmentation* expose comment la situation des marchés, notamment celui du travail, s'ankylose en faisant la part belle au salaire d'efficience, signal de qualité et non résultante d'une confrontation quantitative. Avec un regard pratique, la relation inflation/chômage, l'instabilité consubstantielle du raisonnement en déséquilibre, l'activisme sectoriel et non plus global, les phénomènes d'hystérèse et d'incertitude, la recherche d'emploi… ont amplement alimenté le débat.

La filiation libérale

Dans le clan libéral, on revendique l'efficacité des politiques de libéralisation du moment qu'une pleine confiance soit concédée aux marchés pour opérer les ajustements requis. Elle valorise les variables sensibles que sont les prix, la monnaie et la production afin d'établir que leurs enchainements, loin de justifier une intervention, la déconseillent ; plus ou moins affirmée selon les chapelles qui structurent l'édifice libéral, cette préconisation est suggérée en statique tout comme en dynamique. En outre, elle préconise l'affranchissement des initiatives, convaincue qu'elle est que la déréglementation débride la responsabilité et, en conséquence, propulse la croissance. Examinons quelques-unes de ses suppositions centrales. Parce qu'elle considère tout effort de stabilisation conjoncturelle chimérique, *la nouvelle macroéconomie classique*, ancrée à la rationalité des anticipations, a revalidé la pérennisation de l'équilibre : la main invisible chère au fondateur de l'économie politique s'en trouve réhabilitée. Dans une veine similaire, *la théorie des jeux*, à laquelle celle de la décision est tant redevable, a formalisé les situations conflictuelles. Au plan pragmatique, mais tout aussi éclectique, *la microéconomie sociologique* a permis à *la conjecture du capital humain* de faire florès, cependant que *l'analyse économique du droit* a offert l'opportunité de mieux décrypter l'impact des clauses juridiques sur l'activité conjoncturelle. Macroéconomiquement, *le monétarisme* a ébranlé les pratiques monétaires et sapé la courbe de Phillips, *l'école de l'offre* a fustigé le recours systématique à l'impôt tandis que, plus perspicace encore car s'arrimant aux causes et non aux effets, *l'école des choix publics* a mis en exergue l'inaptitude de l'État à défendre l'intérêt général.

La filiation socialiste

Les travaux socialistes ne furent pas en reste. Dans la première partie du XXe siècle, ils se sont échinés à internationaliser un raisonnement qui jusqu'alors tournait en autarcie. *Utopisme, réformisme et révisionnisme* répudièrent le dogme matérialiste et son corollaire politique, alors qu'en regard *l'austro marxisme, le léninisme et le stalinisme* s'érigèrent en gardiens de l'orthodoxie. Bien plus tard, dépités par les contreperformances du régime qu'ils adulaient, et contrairement aux Keynésiens et aux Libéraux qui assumèrent, en leur temps, leurs propres démérites, les Marxistes se coulèrent dans une pensée hétérodoxe pour donner naissance à la socio économie, carrefour social de toutes les méditations ; en d'autres termes, l'économique s'enfichait dans le social. D'où *la théorie de l'encastrement,* mère de quatre suggestions. La première, baptisée *école de la régulation* qui ne dénie pas des références au néo ricardianisme et au post keynésianisme, avance que la fonction oppressive de l'État favorise les compromis ou que les relations économiques internationales dénotent des rapports hégémoniques dont l'accumulation est la cause. Plus distante du marxisme, la deuxième, appelée *économie des conventions*, soutient que dès lors que l'échange marchand est jugé fruste, il faut s'en remettre à des coordinations non marchandes telles des prescriptions, règles et autres normes pour garantir efficacité et équité : l'hédonisme altruiste éclipse l'hédonisme individualiste. La troisième, imprégnée d'*évolutionnisme* et subdivisée en courants, focalise son attention sur une cognition sociale où l'auto-organisation prévaut. Enfin, qualifiée de *néo-institutionnaliste*, la quatrième relie institutions sociales et organisations économiques de sorte que c'est le droit et le système judiciaire, et non les marchés, qui codifient la coordination des agents.

Quelle qu'en fut l'affiliation idéologique, on conclura ce passage en notant que toutes les thèses apportèrent leur pierre à l'édification de leur temple théorique et contribuèrent, en bien ou en mal, à la gouvernance des hommes et des choses.

L'extension du champ analytique

En cette direction, les recherches menées sont légion et s'étendent à des domaines fort divers : *les mathématiques* avec des modèles à l'élaboration sophistiquée, *la psychologie* avec l'intégration de la confiance, des émotions, des croyances, *l'écologie* avec la mise à l'honneur de la précaution et de l'éthique, *la biologie* avec l'exploration des nanosciences, ou encore *le droit* comme il a déjà été allégué. Devant sérier, trois interpénétrations ont été privilégiées : la philosophie, la sociologie et l'histoire.

L'osmose philosophique

Depuis la haute antiquité, la philosophie a porté l'économie politique sur les fonts baptismaux. Dans cette ligne de pensée, voici vingt ans déjà[5], nous écrivions ceci : « *en soi, la philosophie traite des questions de fond portant sur les êtres, les valeurs et les choses. Sous un angle analytique plus modeste, l'économie s'assigne de semblables finalités. Leur osmose est donc naturelle* ». Pour étayer ce point de vue, deux exemples étaient allégués. Théorique, le premier s'appuyait sur le fait que la comparaison interpersonnelle des utilités pouvait entraver les décisions collectives bien plus encore que la critique du postulat d'agrégation des préférences individuelles. Pratique, le second rappelait qu'aucun choix social ne pouvait être exempt de critères moraux ; autrement dit, la définition d'indicateurs de pauvreté et de standard de vie, la conception de mécanismes de répartition et la mise en œuvre de politiques sociales demeurent prisonnières de préférences éthiques.

[5] A.Redslob (2000) : « Théories d'aujourd'hui et de demain », in « *Clés pour le siècle* », éd. Dalloz, p.1727.

L'osmose sociologique

Sans revenir aux travaux à base monographique de Frédéric Le Play (1806-1882), ardent défenseur de la paix sociale, il est pertinent de mentionner ce nouveau mode alternatif et original d'allocation que sous-tend le *schéma du don contre don* : alternatif car il fait fi du marché pour expliquer l'échange, et original car il résout la problématique de la réciprocité entre partenaires naturellement égoïstes. Mu par des motivations non marchandes, il érode le principe de rationalité mais, par contre, fait peu de cas des normes sociales qui le bornent. Reste que l'intégration d'éléments d'incitation, d'imitation et de désintérêt incruste la morale au cœur de l'échange. Étant donné que les approches en termes de réseaux, voire de cadeaux, sont loin d'être neutres, il n'est pas malséant d'avancer que la sociologie, naguère influencée par l'économie, l'imbibe désormais.

L'osmose historique

Factuelle ou non, l'histoire constitue un des matériaux essentiels de l'économie, d'un côté parce qu'elle trame plus d'une posture idéologique et, de l'autre, parce que, grâce à la statistique et à l'économétrie, elle jette un pont entre l'induction historique et l'économie déductive. Présentement, il semble que ce soit plus l'économie qui déteigne sur l'histoire que l'inverse. Enfant fusionnel de méthodes quantitatives et de glanages historiques, narratifs ou non, la *cliométrie* a fait son apparition. Subtilement, elle s'appuie sur deux outils, *l'analyse contrefactuelle* qui réinvente le passé en en modifiant les hypothèses de même que *la théorie des institutions* qui, à la lumière de la démographie, de la politique et du progrès technique, suffit à préciser l'imperfection de la fonction de production néo-classique. Mais à l'image des tendances qui, jadis, ont irrigué l'historicisme, les suggestions contemporaines qui préconisent un arc-boutement entre l'économie et l'histoire prêtent également le flanc à la critique : quasi-éclipse des liens de courte période, pluridisciplinarité trop sélective, recours abusif à la clause « *caeterus paribus* »…

Vient le temps de la conclusion, si tant est qu'elle soit envisageable au regard de la vastitude et de la pertinence du thème exploré. Trois remarques fusent. Depuis près de trois siècles, l'enrichissement, l'approfondissement et l'élargissement de l'économie politique en constituent la première : c'est avouer la vitalité d'une recherche encore neuve. En deuxième lieu et quelle que soit sa destinée, l'économie politique doit se souvenir sans relâche aucune que son efficacité calibre le débit sanguin du cœur de l'homme, ni plus ni moins. Et si, à la fin, on réussissait à combiner une curiosité scientifique toujours en éveil, une méfiance de bon aloi à l'égard des idéologies, une sincérité sans faille dans les méthodes d'investigation, une ouverture sans apriorisme à toutes les avancées interdisciplinaires, une franche clairvoyance baignée de modestie et l'option inlassable de la culture pour aiguillon, n'aurait-on pas, en une poignée de mots, circonscrit ce qu'est une recherche économique efficace ? Aux économistes de bonne foi, amoureux de leur travail, de se prononcer.

CHAPITRE 2

DE L'INTELLIGENCE ÉCONOMIQUE

Il est pressant de baliser l'avenir parce qu'aucun domaine n'échappe à l'accélération des processus de déstructuration et de restructuration. Espionnage industriel, puis veille technologique, l'intelligence économique est devenue une notion primordiale de l'économie de la connaissance. Elle protège les savoir-faire, décode les procédés et forge des ripostes appropriées, militaires ou non. Au plein sens du terme, elle est devenue un outil stratégique à l'enjeu culturel tel que le développement en dépend.

En effet, le glanage de l'information s'étend de la recherche pure aux modes de distribution en passant par les licences, les techniques de production, les transferts de savoirs, les sources de financement et les réactions de la concurrence, sans compter tous les éléments qui affectent l'environnement en termes de réglementation, de fiscalité, de conjoncture... Nul stade ne s'en trouve exclu, donc.

En fait, la notion d'intelligence économique remplace celle de veille stratégique en ce sens qu'elle n'est pas que passive, mais également offensive, et qu'elle créé des emplois transversaux compatibles avec la nouvelle configuration des firmes et des États. Ses aspects micro- et macroéconomiques ne sont pas niables ; aussi est-il judicieux d'en mieux cerner les contours, fût-ce sommairement, avant que d'en apprécier les promesses.

INTELLIGENCE ÉCONOMIQUE ET COGNITION

L'innovation, si prégnante dans la théorie et la pratique des organisations, est à l'origine de l'intelligence économique. Dès l'aube de l'ère industrielle, certes à des degrés variables, la surveillance de l'environnement de l'entreprise n'était pas chose rare : en effet, faire fi des méthodes employées par les concurrents ou se désintéresser des avancées scientifiques du moment pouvait se révéler suicidaire. Car l'innocence n'est pas le propre des affaires. De ces nécessités a mûri une réflexion qui a dévoilé le caractère stratégique de l'information en sorte qu'en 1994 le rapport Martre en livra la définition suivante : *« L'intelligence économique peut être définie comme l'ensemble des actions coordonnées de recherche de traitement et de distribution, en vue de son exploitation, de l'information utile aux acteurs économiques. Ces diverses actions sont menées légalement avec toutes les garanties de protection nécessaire à la préservation du patrimoine de l'entreprise, dans les meilleures conditions de qualité, de délais et de coûts ».*

Amplement rivée à l'action, cette définition exclut les cadres conçus depuis lors. Aussi importe-t-il de dissocier la réalité de la portée du concept d'intelligence économique.

Ces cadres[6] sont au nombre de quatre. Le premier, dénommé *courant de la guerre économique*, véhicule l'idée de patriotisme économique et, de fait, épouse une vision militaire des conflits ce qui l'incline à adopter une stratégie de puissance, tandis que le deuxième, intitulé *courant de la sécurité économique*, pratique une culture exclusivement défensive fondée sur des politiques s'efforçant avant tout de

---

[6] On se référera ici à la typologie proposée par F. Bulinge et N. Moinet dans leur article intitulé : *« L'intelligence économique : un concept, quatre courants »*, publié dans la revue *Sécurité et Stratégie*, n°12, avril 2013.

préserver les intérêts nationaux. Pour sa part, en privilégiant le contexte mondialisé dans tous ses aspects, tant positifs (opportunités, percées technologiques, concurrence) que négatifs (tensions, risques, protections), le *courant de la compétitivité économique* vante l'efficience dans une perspective de développement durable parée d'éthique sociale. Enfin, parce qu'il épouse une vue multilatérale et coopérative, le *courant de la diplomatie économique* privilégie des approches systémiques desquelles émane la quête d'un équilibre relationnel. À chacun de ces modèles s'affilient diverses approches des interventions publiques et du renseignement.

L'étendue des risques davantage liés aux menaces économiques et financières qu'à des bravades militaires fait de l'intelligence économique un des mots-clés de la connaissance dans une économie mondialisée. Elle engendre des relations coopératives ou conflictuelles car les décideurs publics et privés se doivent d'investir massivement dans la collecte et le traitement de l'information. Les pays qui, à l'instar des États-Unis, de l'Allemagne, du Japon, de la Corée ou encore d'Israël, pratiquent le patriotisme économique, en ont eu très vite claire conscience.

La dissémination des lieux d'activité, la prolifération des techniques, la libre circulation des capitaux, la mobilité des hommes, tout s'agence pour conférer aux firmes une physionomie rénovée tant dans l'organisation que dans la gestion. Tandis que, au plan macroéconomique, quatre lignes de force trament la métamorphose de l'économie mondiale : la reconfiguration de l'espace, la compression du temps, le chambardement des techniques et l'apparition de la nouvelle économie. D'où la reconsidération des fonctions étatiques, la promotion de logiques défensives ou offensives, voire la consolidation d'ententes intergouvernementales.

Brassages d'hommes, de capitaux, de biens, de services, mais aussi inventions et innovations, tous couplés au bouleversement des modes de transport et de communication, ont levé des lames de fond de nature à modifier les relations entre les peuples. Des marchés qui agglomèrent des types particuliers de main-d'œuvre éclosent, puis règnent en maîtres ; la mobilité géographique et professionnelle s'érige en loi ; en proie à des ajustements brutaux, le tissu social est mis à mal, cependant que les délocalisations issues du remodelage des modes productifs ont semblé sonner l'hallali de l'emploi dans les économies développées. La mondialisation, on l'a affirmé, est une réalité qu'on ne peut plus taire. Parce qu'elle imprime un nouvel élan à l'instant de l'histoire que nous vivons, hommes, productions et financements doivent s'y adapter avec sagacité et adresse : tel est le prix de l'audace, telle est la chance de vaincre[7]. Alors que brouillant l'avenir l'incertitude bride les ambitions, l'intelligence économique, au contraire, suscite un nouvel élan en le décryptant mieux.

D'où des questionnements inhérents à la portée de ce concept.

La donne nouvelle dont on ne semble pas encore avoir pris la juste mesure soulève des inquiétudes dans les économies émergentes et en transition et, à plus forte raison, dans celles en retard. Ni exhaustives ni exclusives les unes des autres, ces appréhensions sont susceptibles de freiner leur essor.

La première peur provient du danger de l'immixtion des nouvelles technologies dans le secteur primaire. Les excès de l'industrialisation ont engendré un besoin de retour au naturel qui annonce une inadéquation qualitative entre l'offre et la

---

[7] A bien des égards, le lecteur est renvoyé au volumineux ouvrage que nous avons eu l'honneur de coordonner, *Monde, régions, nations : intrications et perspectives à l'aube du troisième millénaire*, paru aux éditions de l'Université Panthéon-Assas en avril 2001.

demande alimentaire. S'ensuivra un recul des cultures vivrières traditionnelles, précisément celles qui trament la structure productive des pays pauvres, qui provoquera un ralentissement de l'activité, une montée du chômage et un tassement inévitable du niveau de vie. En un mot, l'inverse de la tendance souhaitable...

Une deuxième perplexité dérive de la cherté des coûts. L'accès à la modernité est onéreux : le prix élevé des matériels de commande (super ordinateurs) et d'exécution (robots) n'est-il pas apte à creuser le fossé entre pays nantis et pays démunis ? Aux fractures économique et sociale, alarmantes, s'ajoute une fracture numérique, inquiétante.

En se bornant à n'appréhender le travail qu'à son apparence, celle d'un volume horaire, et non dans sa réalité profonde, celle d'un capital humain, on obscurcit l'avenir à souhait. Il n'est pire balourdise devant les hommes et l'histoire. Là réside un troisième défi dont la taille est proportionnée au degré d'éducation ; autrement dit, si l'écriture, la lecture et l'arithmétique restent basiques, l'enseignement supérieur acquiert une dimension vitale, en vérité incontournable. Il divulgue les savoirs de pointe, diffuse le progrès, stimule la recherche, accroît les compétences, actions qui favorisent le décollage, estompent la pauvreté et promeuvent l'équité. Vu que, dans maints pays, les structures restent fragiles, les institutions déficientes, la gouvernance embryonnaire et les coûts de transaction, bien qu'orientés à la baisse, trop élevés, il faut empêcher que l'enlisement du monde impécunieux ne s'accentue au motif de la vélocité de la percée des techniques.

Une quatrième appréhension requiert un peu plus de hauteur. La maîtrise de la science de la communication et des vecteurs qui la propagent requiert des financements à la mesure des défis que sont *l'efficience* - à l'instar de l'intranet et de l'extranet dans la firme, d'internet et de l'interactivité des réseaux dans le monde -, *le lucre* avec la publicité, le marketing, l'e-commerce et autres inforoutes, *l'influence* avec l'apparition de la cyberdémocratie, de l'espionnage, de la désinformation, de la propagande, de la pression des lobbies et de l'oppression des pouvoirs. À l'aune de ces critères, le monde en développement fait plus figure de proie que de prédateur.

La conclusion ne tarde pas : dans le maillage des info-structures, qui connecte terminaux et serveurs au moyen de réseaux opérationnels usant du langage binaire, entreprises privées et organismes publics doivent collaborer à l'édification d'info-sphères. Charnières entre le physique, réel et actuel, et le psychique, imaginaire en puissance, elles renferment tous les aspects de la connaissance et de l'action, même si leurs degrés de réticulation et de sécurité demeurent variables.

Rien ne sert de se leurrer : la guerre de l'information via le choc des réseaux a bel et bien commencé. Les heurts militaires, les conflits d'opinions, les échauffourées locales le cèdent à des affrontements économiques violents, annonciateurs d'une belligérance culturelle. Les turpitudes financières et les clameurs sociales le rappellent.

L'intelligence économique, outil de connaissance et détecteur de capacités, est au cœur de cette conflagration sans précédent. Elle est devenue l'épicentre du choc des cultures[8].

INTELLIGENCE ÉCONOMIQUE ET ACTION

Dorénavant, l'impératif est de gérer la matière première que constitue la connaissance. Qu'on la retienne pour se

[8] Une autre de nos communications, intitulée *Sur la mondialisation*, a été prononcée sur ce thème en juin 2002 lors du Colloque International de l'université Kainar (Kazakhstan) et traduite en russe dans la *Revue d'Économie Européenne* la même année.

protéger ou qu'on la glane pour se renforcer, elle cause l'enrichissement des entreprises et la prospérité des nations, sans compter les gisements d'emploi qu'elle suscite. Forgeant une authentique culture du renseignement au sein des firmes, quelle que soit leur taille, elle constitue une aide à la décision et annonce l'avènement d'un monde virtuel dans lequel les technologies agiront en synergie. Tout objet multimédia qui stocke n'importe quelle information - écrite, sonore ou dessinée- en fait foi.

Puisque notre monde, assurément, accède à la réalité virtuelle, quelles sont les données qui importent ?

Les impacts sont en vérité colossaux : la production d'idées et d'informations ne connaît plus de limite, les modes d'achat changent, marchandises et services d'un nouveau type inondent les marchés. La culture que cadraient des pensées et des usages coutumiers chavire, et puisque l'espace et le temps n'englobent plus le même contenu, l'information préface l'avènement d'une société inédite dans laquelle la volonté de domination fuit l'espace réel pour investir l'espace virtuel. Les enjeux deviennent d'essence culturelle. Dans ce contexte sans précédent, le savoir occupe une place éminente. Aussi convient-il d'en cerner la portée pour esquisser des solutions, à l'évidence modulables.

Parmi les tâches à accomplir, la gestion de l'information domine. L'intelligence économique qui la sous-tend est l'outil capable d'anticiper les évolutions, non seulement parce qu'elle en comprend les différents aspects - collecte, traitement, stockage, distribution, exploitation -, mais aussi parce qu'elle embrasse un spectre allant de la recherche pure aux canaux de diffusion, en passant par les licences, les labels, les transferts de savoirs, les sources de financement et les réactions de la concurrence.

Sans doute, l'information est devenue un gisement d'une importance telle qu'elle impose aux États d'ériger la connaissance au rang de priorité des priorités. En outre, comme l'information a fissuré le pouvoir central, on a pu temporairement s'en passer en invoquant des idéologies qui, par nature, réduisent l'incertitude et compriment les coûts ; depuis leur mise au rebut, l'information se déverse en quantité impressionnante, mais sa qualité reste des plus discutables, car le pouvoir avance masqué et les médias sont souvent équivoques dans leurs présentations comme dans leurs interprétations.

Si les actions à mener au Nord et au Sud peuvent fort bien être sécantes, elles ne sont pas obligatoirement similaires. Le poids des structures et celui des habitudes justifient les différenciations : à propos, saisit-on qu'il n'y a pas trente ans moins d'un milliard et demi d'hommes vivait dans une économie de marché contre six milliards à l'heure actuelle[9] ?

Alors, comment procéder ?

Quatre axes, semble-t-il, peuvent être imaginés d'un point de vue micro ou méso économique. Pour faciliter la prise de décision, le recueil d'informations de natures et provenances diverses en forme le premier : c'est *une action de veille*. Le deuxième concerne la détection des risques, entre autres immatériels, ainsi que des mesures de protection des patrimoines économiques, des savoirs techniques et d'épaulement juridique des firmes : c'est *une action de prévention*. Le troisième touche la valorisation de la recherche publique, la présence active dans les institutions internationales et dans les comités de normalisation servant à affermir la capacité d'influence, l'essor des contrats stratégiques et le soutien des exportations des entreprises : c'est *une action en faveur de la compétitivité*. La quatrième concerne la formation des acteurs de la scène économique : c'est *une action de sensibilisation des personnels*. À l'échelle des États, les

[9] Si on exclut la Chine, fait controversable.

orientations géostratégiques sont claires : rendre la politique économique plus incitative qu'injonctive[10] ; substituer aux politiques sectorielles des logiques de l'espace mieux adaptées aux mutations en cours ; reconsidérer en profondeur les fonctions étatiques[11].

Hisser la connaissance au rang de priorité demeure donc une exigence. En posant des capteurs humains et scientifiques dans toutes les branches, y compris militaires, l'intelligence économique exerce une influence redoutable. Dans ce contexte, le placement d'hommes compétents aux postes névralgiques et l'acquisition des techniques de pointe deviennent une obligation sans laquelle les décisions essentielles échapperont. Or, les économies vagissantes en ont-elles les moyens ? Ce fait a induit un redéploiement stratégique qui a conduit à l'abandon de la politique de développement par substitution des importations au profit d'une politique basée sur les exportations, à l'affectation d'investissements massifs dans l'éducation et l'industrie, au recentrage des missions de l'État et à nombre d'efforts pour consolider la cohésion sociale. Bref, la thèse du développement autocentré a vécu.

Il est encore un point qu'il serait blâmable de négliger : la démarche que suggère l'intelligence économique est avant tout une action concrète qui se fixe la réduction de la pauvreté pour objectif emblématique. Dans cette optique, outre la fuite des cerveaux qu'il convient de contrer par des mesures idoines, il est impérieux de conduire des investigations sur le terrain, notamment au moyen

---

[10] A. Redslob, « *Politique économique : de l'injonction à l'attractivité* », conférence prononcée devant l'Association Internationale des Économistes de Langue Française, à Montréal, en mai 2001, et reproduite *in extenso* dans le numéro de septembre 2001 des Cahiers du Cedimes.

[11] A. Redslob, « *On globalization* », conférence prononcée devant l'Assemblée doctorale de l'université de Wroclaw, Pologne, janvier 2001.

d'enquêtes, pour identifier les intervenants et vérifier les effets d'annonce. La collecte de données forme en effet un préalable à l'exploitation d'informations qui conditionnera la croissance et accélèrera l'insertion des économies dans le jeu planétaire. À cet égard, la diffusion des technologies de la communication, l'assignation de missions à des professionnels, la mise au point de diagnostics, la conception de mesures d'assistance opérationnelles et le montage de plans de financement constituent autant d'éléments indispensables. En d'autres termes, les actions d'intelligence économique s'évaluent à la lumière de leur réalisme ; à défaut, elles seraient de peu d'intérêt.

Il est manifestement délicat de conclure tant le sujet est vaste et les lendemains prometteurs. Si on reste fidèle à l'esprit qui a présidé à la rédaction de ces quelques pages, certaines pistes se dessinent.

En premier lieu, l'accès plus équitable à la connaissance est une exigence : aux pays riches d'aider les autres dans l'assimilation des savoirs en augmentant les fonds alloués à l'éducation et à l'acquisition de matériels de pointe. En calquant son action humanitaire et sous réserve de s'interdire tout transfert technologique sensible, la communauté internationale ne pourrait-elle décréter un *droit d'ingérence informationnelle*[12] ? À défaut, il est clair qu'eu égard à l'état actuel des techniques et à leur vitesse d'évolution, les pays en développement n'auront d'autre perspective que celle de régresser. La dimension mondiale de l'intelligence économique est irréfutable.

---

[12] C'est le point de vue que nous avions défendu lors d'une conférence intitulée « *Les promesses de l'intelligence économique* » prononcée à la Banque Mondiale lors d'un colloque international intitulé *Vers la phase opérationnelle du NEPAD*, organisée par SOPEL International en partenariat avec l'UNESCO, le CIAN et l'Institut CEDIMES, à Paris, les 27 et 28 novembre 2003.

Par ailleurs, l'incorporation du risque, la consubstantialité de l'information et de la décision, la restructuration des économies et la mise en place d'une info stratégie pour atteindre un but ou pour se préserver d'atteintes soulèvent un problème de fond, celui de la gouvernance de l'info sphère qui aiguise tant d'appétits.

Finalement, s'agissant du concept d'intelligence économique, une ultime réflexion affleure. Pour rendre l'information plus efficiente et son partage plus équitable, il convient de tisser la trame du futur sur les relations entre les peuples, parce que l'homogénéisation de l'espace qu'amène la mondialisation ne justifie ni l'abdication du pouvoir politique, ni la mise à mort des cultures nationales, ni la négation des us et coutumes ethniques ou religieux. Sous ces réserves, l'intelligence économique livrera ses promesses, en faisant éclater au grand jour l'impéritie pitoyable de tant de responsables et en reléguant aux oubliettes de l'histoire des discours incongrus sur la société mondiale actuelle. En cela, l'intelligence économique est bien un authentique mode de gouvernance.

CHAPITRE 3

LES VRAIES CLÉS DU DÉVELOPPEMENT DURABLE[13]

Refusons la cécité.

D'après le Fonds Monétaire International, la croissance dans les pays avancés reste molle, celle des États-Unis étant néanmoins plus vigoureuse que celles de la zone euro et du Japon. Pour ce qui est des pays émergents, elle est plutôt enviable, le dynamisme asiatique tranchant toutefois d'avec la langueur sud-américaine. Dans les économies en retard, les perspectives demeurent prometteuses. Pas de doute : les dissemblances entre les trois blocs sont flagrantes.

Par ailleurs, la population mondiale a dépassé sept milliards et demi d'habitants en 2017. Grâce à son excédent naturel, elle croît quotidiennement d'environ 240 000 âmes, soit, chaque année, d'une population équivalente à celle de l'Égypte (87 millions). À pareil rythme, elle excédera neuf milliards en 2050, et se stabilisera autour de onze à la fin du siècle. Elle s'alanguit voire régresse dans le monde développé, croît plus raisonnablement dans les zones en décollage et continue d'exploser dans les terres en développement. Les différences sont, là aussi, criantes.

---

[13] Ce chapitre reprend l'essentiel de la communication présentée lors du 59e Congrès de l'Association Internationale des Économistes de Langue Française (AIELF) qui s'est tenu à Paris, en mai 2015, sur le thème « *Croissance, population et protection sociale : faits et théories face aux enjeux*».

Ces dissimilitudes s'accentuent encore en matière de protection sociale, reconnue droit fondamental de l'individu par l'ONU en 1948. En ralentissement ou en recul dans les pays riches - austérité budgétaire et ajustement structurel obligent -, elle progresse dans les pays émergents - les efforts accomplis par les BRICS ne devant pas occulter ceux réalisés par d'autres nations -, et elle s'étend dans les pays pauvres en dépit du frein financier. Retenons que s'il avoisine l'unité dans les pays industriels, le taux de couverture sociale des travailleurs oscille entre un et trois cinquièmes dans les pays à revenu intermédiaire, mais tombe à un sur dix dans les économies déshéritées.

Hormis l'histoire de la dîme dont la collecte, obligatoire en France dès 794, était levée pour secourir les indigents - d'où, bon an mal an, son acceptation durant un millénaire -, croissance économique et croissance démographique font montre d'une antériorité statistique sur les dépenses de protection sociale. Toutes trois cependant, en raison de leurs évolutions contrastées, ont charrié explications, interrogations et suggestions. En guise d'explications, une cohorte de modèles sinuant entre systématisme formel et richesse analytique se déroule. Les interrogations, quant à elles, ressortissent à la prise en compte d'une réalité complexe. Et toutes deux ont, au bout du compte, suscité de multiples suggestions, dont la nôtre, qu'on voudra de visée synthétique plutôt qu'à vocation universelle.

DES THÉORIES À FOISON

Qu'elle soit économique ou non, la théorie délivre une représentation ramassée, et s'échine à avancer en concevant des schémas au degré de sophistication variable. Par une alchimie dont science économique n'est point avare, les essais de modélisation de la croissance, de la démographie et de la protection sociale ont, au fil des siècles, tissé un écheveau d'une densité inextricable. Si le dénouer est prétentieux, le mieux comprendre est de mise.

Quelques mots, pour commencer, sur les modèles de croissance.

Les modèles de croissance

Au moment où l'économie politique éclot, la production est essentiellement agraire et de rendement médiocre ; elle n'incite guère à la réflexion. Pourtant, l'idée de quantification germe dans l'esprit d'un William Petty et les prémisses d'une approche en termes de statique comparative à croissance nulle prennent forme sous la plume d'un François Quesnay. Point de perspective dynamique, donc. De façon non surprenante, la conception de modèles coïncida avec l'envol industriel : bouillonnement des techniques, profusion de capitaux, spécialisation industrielle et habileté des hommes s'y allièrent pour enclencher un décollage inédit dans l'histoire de l'humanité. S'ensuivirent des schémas interprétatifs qui, initiés par Adam Smith, amendés par Robert Malthus, peaufinés par David Ricardo et conceptualisés par Nicholas Kaldor, s'ingénièrent à démontrer, en dépit de phases transitoires, l'inéluctabilité de la stationnarité.

Têtus qu'ils sont, les faits firent vite litière de ces conclusions en éveillant d'autres réflexions. Marie Jean Antoine Nicolas de Caritat, marquis de Condorcet, et Claude Henri de Rouvroy, comte de Saint-Simon - qu'André Piettre, dans une formule lapidaire dont il avait le secret, qualifiait de « *dernier des gentilshommes et premier des socialistes* » - célébrèrent le progrès sans retenue, chacun à sa façon. Une poignée de décennies plus tard sur le curseur de l'histoire, le socialisme scientifique de Karl Marx coula le matérialisme dans le béton d'un déterminisme technique que l'expérience vint démentir, au fond sans la moindre surprise. Au XXe siècle, les conjectures de Colin Clark ou de Jean Fourastié firent des disparités de productivité la cause des migrations intersectorielles de main d'œuvre, au point d'apporter un éclairage neuf à l'essor contemporain. Également sans référentiel idéologique, les travaux de Roy Harrod et d'Evsey Domar, à une variante près, vantèrent le déséquilibre permanent, trame keynésienne s'il en fut. En regard, le modèle de Robert Solow qu'affinera l'économiste japonais Ken-Ichi Inada institua la stabilité de l'évolution, credo entonné dans la chapelle néo-classique. Ces travaux permirent aux interventionnistes et aux libéraux de poursuivre leur sempiternelle croisée de fer, dorénavant dans une optique dynamique.

La théorie de la croissance n'en resta pas là. Le contexte inventif et concurrentiel incita Joseph Schumpeter à mettre en avant le rôle déterminant des « grappes d'innovations ». Puis, non sans originalité, les pères de la Nouvelle Histoire Économique que furent Robert Fogel et Douglass North mirent les institutions et les changements techniques au cœur du processus évolutif. Dans un registre autre, la prise en considération du capital humain traça des pistes nouvelles : empierrées de progrès, d'offre d'épargne, de dette publique, de seigneuriage monétaire voire de chaos, les inférences conceptuelles débattirent alors de la nature, optimale ou non, de la trajectoire de l'économie au gré du temps. Des modèles aux mathématiques tantôt subtiles, tantôt absconses, alimentèrent bien des controverses : ainsi alla la théorie jusqu'au crépuscule du siècle passé.

Là, le milieu changea. Des inflexions de politique économique originales, des choix démographiques tranchés quoiqu'assumés et des réformes systémiques clairement affichées mirent un terme aux approches traditionnelles. Puisant à la source des rendements croissants chers à Alfred

Marshall, la théorie de la croissance endogène déblaya des sentiers que vinrent border la propagation de la connaissance, l'étendue des infrastructures sociales ou encore la vigueur des synergies individuelles. Toutefois, les travaux pionniers de Paul Romer, Robert Barro et Robert Lucas Junior s'accordèrent sur le fait que la croissance s'auto-entretient grâce aux externalités. En sorte que cette conjecture enfanta une littérature ayant l'innovation pour cœur, tant et si bien que nombre d'auteurs contemporains axèrent leurs recherches sur les interrelations entre la prospérité économique et la germination des idées. Sans compter les partisans de la soi-disant écologie politique voire de la décroissance qui ne firent que prendre à leur compte les alertes lancées par le Club de Rome au virage des années 70 du siècle passé.

De ce panorama ô combien sommaire émerge une certitude : fors leur pullulement et leur hétérogénéité, aucun modèle explicatif des mouvements longs ne s'élabore sans référence au travail. Est-ce étonnant quand on sait que c'est l'homme qui produit, consomme, épargne, investit ou invente ? À cette aune, on perçoit mieux la connexité de ces approches avec les modèles démographiques.

Les modèles démographiques ne manquent pas, eux non plus.

Les modèles démographiques

On ne peut taire les diatribes dont l'histoire fut l'objet. Tôt, aux alarmes d'un prince angoissé par le caractère limité des ressources répondit en écho le commandement « *Croissez et multipliez* », de tonalité plus optimiste. À la Renaissance, le populationnisme l'emporta, témoin la célèbre maxime de l'avocat Jean Bodin voulant qu'« *il n'y a ni richesse ni force que d'hommes* ». Au siècle des Lumières au contraire, la frilosité physiocratique imputable à l'essor jugé trop lent du fameux « *produit net* » fit ses partisans s'opposer au galop des naissances cependant que, à quarante ans de distance, le principe de population, bientôt érigé en loi, stigmatisera l'écart entre le nombre de bouches à nourrir et les moyens de les combler. Cette vision mathématique suscitera de nombreux prolongements moraux, politiques et économiques à la résonance séculaire.

Au fur et à mesure que l'envol industriel s'affermit, la marginalisation de la force de travail qu'opéra la montée en puissance du capital, couplée à la dureté de la condition sociale dictée par un capitalisme débridé placèrent la variable démographique au centre de la réflexion. À la fois spatiale et temporelle, l'hypothèse de transition démographique inventée par Adolphe Landry connut un succès universel. Du reste, Alfred Sauvy qui élucida le lien entre pression créatrice et optimum démographique et Walt Whitman Rostow qui fit de la démographie un propulseur des étapes de la croissance économique s'en inspirèrent. D'autres recherches, plus anciennes tout comme postérieures, s'échafaudèrent sur les notions de croissance logistique, de prédation, de génétique quantitative, de mutation, d'épidémiologie, de percolation et de hasard afin d'améliorer la compréhension de la dynamique des populations. L'étendue de leur champ, élargie de nos jours au vieillissement et à l'immigration, demeure quasi infinie.

Nul doute que la démographie tracte la croissance. Pour la stimuler, plusieurs leviers se proposent : l'octroi d'allocations, d'avantages fiscaux et de facilités matérielles cadre la politique familiale ; l'offre de soins conditionne la vitalité du travail, qu'il soit valide ou non ; l'accompagnement de l'avancée en âge et de l'entrée en dépendance fonde une politique des retraites digne de ce nom. On l'a saisi, croissance et démographie, y compris sur le plan théorique, appellent la protection sociale.

Parachevons notre démarche en évoquant les principaux modèles de protection sociale.

Les modèles de protection sociale

Dès l'origine, deux conceptions se profilèrent. L'une, d'inspiration libérale, marqua sa préférence pour un mode de gestion privé, dénonçant l'extension rampante de la technocratie, le mythe de l'intérêt général et l'incapacité de l'État à se projeter dans le long terme. L'autre, d'essence interventionniste, loua les mérites de l'État Providence, arguant que l'asymétrie d'information, l'efficacité de la redistribution intergénérationnelle et la solidarité dans la gestion du risque nécessitaient l'irrigation du tissu social par des réseaux de coopération familiale et collective. Bref, la voie de l'assurance qui implique le versement de prestations à seulement ceux qui se sont couverts contre le risque et celle de l'assistance qui dispense les aides à tous ceux qui en ont besoin s'entrechoquèrent. À ces deux visions s'affilient deux archétypes, auxquels on conféra les noms de modèle bismarckien et de modèle beveridgien.

Le chancelier Otto von Bismarck conçut, au soir du XIXe siècle, un système visant à couvrir les risques inhérents à la maladie (1883), aux accidents du travail (1884) ainsi qu'à la vieillesse et à l'invalidité (1889). Pionnières mais non dénuées d'arrière-pensées politiques, notamment celle de couper court aux revendications socialistes et/ou syndicales, ces préconisations formatèrent un cadre ciselé : la protection obligatoire découle de droits ouverts par l'activité professionnelle, se trouve financée et cogérée par les salariés et les employeurs au moyen de cotisations sociales, et est proportionnée aux rémunérations des contributeurs, non aux risques encourus.

Sollicité par le gouvernement britannique en 1942 pour mener une réflexion sur le système de santé, l'économiste

William Beveridge commit un rapport tout aussi retentissant. Parce qu'il insista sur le caractère partiel et éparpillé des couvertures existantes, il suggéra leur homogénéisation par une refonte en un système unique, réputé « système des trois U » : uniformité calée sur les besoins et non sur les capacités contributives, unité de gestion par l'État grâce à l'impôt, universalité de couverture de tous les risques pour toute la population. Ainsi virent le jour les allocations familiales (1945), le service national de santé (1946) et la couverture des accidents du travail et des maladies professionnelles (1947).

À la réflexion, les limites à ces approches résident ici dans l'exclusion des prestations des populations sans travail, là dans la limitation du montant des prestations vu le nombre de bénéficiaires. À noter qu'à la charnière de ces deux conceptions s'en trouve une troisième, la française qui, bien que plus bismarckienne dans sa philosophie, garantit une couverture à des personnes non cotisantes, secourt des individus sans ressources et institue des critères autres que ceux d'activité pour recevoir des subsides.

Quelle qu'en fût l'inspiration, toutes ces conceptions affermirent la conviction que croissance, démographie et protection sociale étaient intimement liées. Deux logiques ont été forgées pour traduire cette intrication.

DES LOGIQUES OPPOSÉES

La complexité caractérise le monde contemporain, qui le niera ? C'est vrai de la croissance dont on ne sait plus gérer les mécanismes, vrai de la démographie dont les ressorts vitaux échappent, et vrai de la protection sociale dont l'hypertrophie confine à l'opacité.

Avant le premier choc pétrolier, une croissance soutenue procurait des surplus que les gouvernements allouaient au gré des arbitrages, tandis qu'à l'inverse les gains distribués et leurs retombées en termes de santé et de professionnalisme stimulaient l'activité : politique économique et politique sociale se conjuguaient en se renforçant. Dès que la hausse brutale des cours des matières premières eut brisé l'élan des programmes sociaux en freinant la conjoncture, il a fallu les financer sur des ressources désormais taries, ce qui a conduit les corporatismes à s'arc-bouter sur leurs privilèges : politique économique et politique sociale se heurtèrent en se minant. Les externalités étaient devenues négatives. Aussi de vifs débats eurent-ils lieu entre économistes, d'aucuns optant pour le collectif, d'autres préférant l'individuel.

Des analyses en termes tantôt de revenus tantôt d'efficacité la circonscrivent l'optique interventionniste.

L'optique interventionniste

Ancrée dans une démarche keynésienne, celle liée aux revenus vit dans les transferts sociaux un vecteur de soutien de la demande effective. Elle se riva à un raisonnement qui eut cours dans l'immédiat après-guerre, à un moment où l'octroi de revenus secondaires visait à pallier l'inexistence de revenus primaires vu la pénurie d'emploi. Puis, elle se prolongea avec bonheur durant les « Trente glorieuses », le gonflement des revenus sociaux amplifiant la poussée des revenus salariaux. Elle leur survécut même à partir du moment où on concéda à la dépense sociale des vertus contra cycliques. Aujourd'hui, elle compte encore des partisans qui infèrent que, dans un contexte de tassement voire de repli des revenus réels, les prestations sociales évitent la dépression de l'activité. Non sans fondement, elle se trouve toutefois bornée par une moindre redistribution et, surtout, par la baisse du nombre des cotisants. Affaire d'économie diront les uns, de démographie rétorqueront les autres, vraisemblablement des deux.

L'analyse en termes d'efficacité est d'une veine similaire. Elle prétend que l'intervention de l'État accélère le recul de l'exclusion, de l'illettrisme ou des pandémies. Au début, ses partisans eurent beau jeu d'invoquer la relation inverse entre l'ampleur des transferts et l'étendue de la pauvreté dans les nations développées. Les temps devenant autres, force leur fut de changer le fusil d'épaule, d'abord en portant l'accent sur l'efficacité des aides, ensuite en se rabattant sur la microéconomie afin d'évaluer la rentabilité ou l'avantage/coût d'un programme : établissements d'éducation, crèches, hôpitaux, maisons de retraite *et tutti quanti* passèrent au crible de la gestion. Non spécifiques au secteur public, de criantes inefficacités apparurent, ce qui fit que le « dépenser plus » le céda au « dépenser mieux », la centralité à l'autonomie, l'injonction à l'incitation. De nos jours, la poursuite dans cette direction n'est pas impensable pour peu que la notion d'équité, notamment fiscale, ne relève plus du mode incantatoire.

Déclinées comme facteur de croissance ou amortisseur de crise, ces deux approches furent battues en brèche par la reconsidération tant des prix de revient que des retombées des initiatives, toutes deux d'inspiration libérale.

L'optique libérale

L'approche en termes de coûts tranche d'avec les précédentes puisqu'elle soutient la thèse selon laquelle un excès de prélèvements gangrène l'emploi. Par les temps qui courent, elle titille, au point de se demander si l'explosion des prélèvements obligatoires n'est pas cause du ralentissement de la croissance. La comparaison des performances obtenues ces trois dernières décennies par les États-Unis et l'Union européenne, et même entre les pays qui composent celle-ci, corrobore cette thèse. Mais la structure des prélèvements importe également, puisque les ponctions liées aux impôts sur le revenu et aux cotisations sociales, en constante augmentation dans un passé récent, pénalisent avant tout le travail. En pareilles conditions, comment s'étonner du recul de l'embauche, de la prospérité de l'économie souterraine, des délocalisations à tire-larigot ? Par la compression des coûts qu'il autorise, le travail devient variable d'ajustement, phénomène pervers dans la mesure où la difficulté des entreprises à licencier grève leur compétitivité.

L'approche en termes d'impacts enseigne que la généralisation des déficits publics enfièvre l'endettement et provoque l'éviction des agents privés : la raréfaction de l'offre d'épargne productive, la contraction de la formation de capital, le ralentissement de l'activité, la montée du chômage, l'asphyxie de l'initiative, l'érosion de la productivité en forment autant de dommages collatéraux. Aussi est-il permis de se demander si le mode de financement de la protection ne pousse pas à substituer le capital au travail. Toujours en termes d'impacts mais appréciés cette fois sous l'angle social, l'identification de la dépense à la justice sociale peut-elle emporter l'adhésion quand on constate que la misère se répand à mesure que les secours s'envolent et que l'inextricable panoplie des aides à l'embauche accompagne la montée du chômage ? Un contre-exemple cependant : l'OCDE décèle une corrélation positive entre la fécondité et les subsides alloués aux familles dans les pays riches.

Aussi stimulantes soient-elles, les analyses en termes de coûts et d'impacts rencontrent des limites : en faisant la part belle à l'économique, elles oublient la dimension humaine, si bien que, forcément, elles peinent à embrasser le réel.

Au vu et au su de tout cela, diverses interprétations se proposent. En voici la nôtre qui, sans forfanterie, se veut singulière.

UNE ESQUISSE INTERPRÉTATIVE

Les réalités sont protéiformes : fort d'une couverture sociale satisfaisante, le monde développé tourne le dos à la prodigalité au motif de l'apurement des comptes et des réformes structurelles ; les pays à revenu intermédiaire s'engagent sur la voie de l'amélioration de la protection en vue de soutenir une demande interne défaillante ; les nations en retard peinent à promouvoir des systèmes de couverture faute de financement et/ou de volonté politique. De plus, au sein de chacune de ces catégories, la diversité des pressions démographiques conduit à une modulation des cibles : famille, santé, retraite, etc. Bref, si la sécurité sociale pour tous, le combat contre la pauvreté et la promotion d'une croissance inclusive font consensus, les structures existantes poussent à des stratégies spécifiques.

Des données disparates

Ouvrons le ban : un homme sur quatre bénéficie d'une protection sociale complète, les trois autres n'en disposant que d'une partielle, voire de pas du tout. Le défi est colossal. Aussi convient-il d'être conscient de l'état des divers types de régime.

Si cent-huit pays offrent des prestations destinées à l'enfance et à la famille, soixante-quinze n'en offrent aucune, surtout en Asie et en Afrique, là où la natalité est allante. Or, qui contestera que la santé, l'alimentation et l'éducation non seulement garantissent à l'enfant une évolution saine et prometteuse, mais participent aussi à l'élimination de leur précarité et de l'exploitation de leur travail ? Sait-on que, chaque jour, près de vingt mille enfants meurent pour des raisons tout à fait évitables ? Ignore-t-on que, dans l'Union européenne, la pauvreté des mineurs a progressé de 2007 à 2012 dans plus d'un pays sur deux ? Prend-on la juste mesure des effets des réductions des avantages concédés à l'enfance et à la famille ? À croire que d'aucuns ont décidé de rentrer dans l'avenir à reculons.

Le chapitre de la protection du travail n'est guère plus reluisant. Que la maternité, la maladie, l'invalidité, l'accident ou le chômage viennent à suspendre l'activité, et un niveau minimal de sécurité de revenu s'impose. C'est loin d'être le cas en pratique : sous réserve des disparités en fonction des degrés de développement, on retiendra que deux femmes sur cinq perçoivent des prestations en cas de grossesse, un invalide n'est secouru que dans un pays sur deux, un travailleur sur trois est aidé quand une maladie professionnelle ou un accident du travail l'accable, enfin seulement 28 % des gens reçoivent un revenu de substitution en cas de perte d'emploi.

Le dossier des retraites est, lui aussi, plombé, ne serait-ce que parce qu'une personne sur deux n'en perçoit pas. Outre que cette absence la contraint à poursuivre une activité jusqu'à un âge avancé pour des gains misérables, est-ce là le remerciement que la société se doit de réserver à une vie de labeur ? Un sentiment de honte plane, à juste titre.

Face à ces données généralisées, des stratégies ont été arrêtées. Elles surprennent par leur hétérogénéité.

Des stratégies hétéroclites

Dans le but d'assainir leurs comptes publics, plusieurs pays développés ont limité ou contracté la dépense sociale : diminution des allocations familiales, déremboursements en tout genre, amputation des pensions en sont autant d'exemples tandis que, en regard, les montants et les durées de cotisation ont haussé, souvent doublés d'une fiscalité confiscatoire. Au fond, ces pays paient le prix d'un oubli, le leur, qui a consisté à reléguer la natalité au rang d'avatar, de sorte qu'ils ont minutieusement programmé leur suicide. Le vieillissement démographique, antonyme du dynamisme économique, présente aujourd'hui sa facture.

Ailleurs, les dispositions sont moins affolantes. Dans les pays à revenu intermédiaire, les choix en faveur de la protection sociale sont des plus nets. Ainsi, par exemple, de la Chine où la couverture des pensions frise l'universalité, mais aussi de la Pologne, de la Hongrie, de la Bolivie, de l'Argentine, de l'Algérie, du Brésil, de l'Uruguay et du Chili qui sécurisent davantage les revenus des retraités. Ainsi du Vietnam et de Bahreïn qui versent dorénavant des prestations chômage. Ainsi de l'Inde qui, lors d'une cessation d'activité, a mis sur pied un régime de garantie d'emploi. Ainsi d'Israël qui ne mégote ni sur les dépenses de santé, ni sur celles allouées aux personnes âgées.

Bien que modestes, de sérieuses avancées dans les pays à revenu faible ont eu lieu : signalons, entre autres, les efforts du Lesotho, du Rwanda, du Swaziland ou du Burkina Faso dans le domaine de la santé, ceux du Mexique, du Chili, de l'Indonésie ou du Kenya en matière d'éducation, et ceux de Maurice, de l'Azerbaïdjan, de l'Ouzbékistan et de la Géorgie s'agissant des retraites. Globalement, les pays pauvres ont tendance à étendre leurs systèmes sociaux, la contrainte financière bridant cet élan, surtout en Afrique.

Au total, la protection sociale dont les retombées ne sont pas qu'humaines - soutien de la croissance, élévation de la productivité, réduction des inégalités, inflexions des tendances démographiques… - épouse des méandres si dissemblables qu'ils invitent à réfléchir à demain.

Aussi qu'il nous soit permis d'ébaucher ici une interprétation à base de transition sociétale.

Le cheminement sociétal

Dans l'enfance des sociétés, la quête de l'autosuffisance prime. Aux plans quantitatif et qualitatif, les besoins sont repérés mais stables, les moyens de production et de répartition centralisés, les techniques rudimentaires : lente, l'évolution de l'économie y est circulaire. Pour ce qui est de la population, la natalité compense à tout le moins la mortalité pour garantir la survie de la tribu. Quant à la protection, elle est d'essence divine, féminine quand la fécondité en est le référentiel, masculine quand le réflexe de défense ou la volonté d'incursion font se lever les armes ; concrètement, famille et clan exercent la solidarité. Dans ce schéma, les courbes d'évolution de la croissance, de la démographie et de la protection sociale restent plates. Et ce schéma de se reproduire à l'envi le temps que l'étincelle du progrès jaillisse.

Sitôt que des inventions viennent perturber cet ordre, l'artisanat éclot, promouvant un timide décollage. En en profitant, la démographie frémit alors que la solidarité, adossée à une organisation corporatiste, reste embryonnaire ; le socle familial s'étiole, vu que de nouvelles exigences percent. Les courbes d'évolution divergent alors : celle de la croissance épouse un profil ascendant, celle de la démographie se redresse, celle de la protection sociale reste plate.

Survient l'âge industriel avec son lot de hardiesses et d'incertitudes. Bouillonnement des techniques, afflux de capitaux, étirement des échelles productives, abondance d'une main-d'œuvre à bon marché, tout s'ordonne pour impulser un authentique dynamisme économique. Disposant d'un pouvoir d'achat plus élevé, la population prolifère, sa fraction active prenant conscience qu'elle doit réclamer son dû : avant-hier le Japon, hier la Corée, aujourd'hui la Chine et demain l'Inde ont connu, connaissent ou connaîtront pareil butoir. Revendications de plus juste partage instigué par les groupes et désir accru de sécurité exprimé par les individus posent, dans toute son ampleur, la question sociale. Négociations et/ou soubresauts tentent de la solutionner. Tant que ce schéma productiviste perdure, croissance, démographie et protection sociale intriquent leurs avancées et leurs financements. Les trois courbes évoluent en un sens ascendant.

À un stade plus évolué encore, les prix des facteurs, des biens et des services deviennent visqueux, ce qui entrave leur fonction d'ajustement et enlise l'activité. Le rythme d'essor s'infléchit, tandis que l'impératif de couverture prend le pas sur celui de prise de risque. Les tensions sur le partage s'avivent si elles ne se communautarisent, parce que l'effort le cède au confort. Dans ce contexte, croissance amollie et fécondité alanguie tarissent les sources de financement de la protection sociale. Comme le brandissement des avantages acquis s'oppose au réaménagement des transferts, toute amélioration de la protection entraîne des ponctions répétées sur la richesse globale. De moindres ressources étranglent peu à peu la dépense sociale tandis que les excès de protection inhibent l'initiative. Les courbes d'évolution économique, démographique et sociale se confondent à nouveau, leurs pentes étant inclinées à la baisse.

Trois observations cloront cette ébauche de transition sociétale. Dans le passé, si la distribution de revenus secondaires a accompagné l'expansion à ses débuts, ses excès l'ont entravé à terme ; des taux de prélèvements obligatoires autour de 35 % ou un siphonnage de la richesse nationale par la dépense publique de l'ordre de 40 % semblent des plafonds à ne pas crever. À méditer, en deçà et au-delà de nos frontières. En outre, une fiscalité et une parafiscalité excessives engendrent des renoncements individuels et collectifs : s'ensuivent une régression de l'épargne productive, un ralentissement de l'activité, une destruction d'emplois, une prospérité de l'économie grise. La déraison sociale strangule l'efficacité économique. Aussi, le retour à des comportements plus sains s'impose : à l'individu de méditer ses propres contradictions quand, d'un côté, il réclame plus d'utilités sociales en tant que citoyen, et, de l'autre, exige moins d'impôts en tant qu'électeur ; à l'administration d'assimiler que ce sont les élus qui décident et qu'elle doit se cantonner à obtempérer ; aux dirigeants politiques de cesser de broder sur l'intérêt général tout en caressant les groupes de pression qui assurent leur réélection. L'heure est à la responsabilisation de tous ou, à défaut, elle sonnera le glas.

Concluons sur l'économique, le démographique et le social.

L'abstrait, l'universel et le perpétuel dont se repaissaient les économistes classiques, s'ils assurent un certain confort de l'esprit, sont de nul apport aux choses humaines. Ayant malmené ces perspectives, l'idéologie socialiste, quoiqu'elle s'en défendît, n'eut de cesse de remettre à demain ce qu'elle était incapable de faire dans l'instant. Quant aux marginalistes, dont on pouvait attendre une version amendée du libéralisme, ils se sont isolés dans une bulle vouée à l'éclatement à la moindre friction d'avec la réalité. Postérieurement, le keynésianisme a bien tenté de sauver la mise en suggérant une approche plus concrète, oui mais voilà, son temps a passé. Avouons-le, si la théorie économique est désemparée, c'est parce que la science économique a fossoyé l'économie politique. D'où le désarroi de plus d'un servant aussi bien que la minceur des apports à l'amélioration du sort de l'humanité.

Dès qu'elle fut mature, la démographie a été systématiquement secondarisée. Science sociale au caractère prédictif avéré, elle est apparue comme une discipline peu utile, puisqu'insuffisamment formalisée. Las ! La vitalité des naissances dans le Tiers-monde, l'enflure des classes moyennes dans les pays émergents et la dérive cataclysmique de l'âge dans les pays développés l'ont remise au goût du jour. Comment se peut-il qu'avec le bagage qui est leur les économistes n'aient pas saisi que les vagues du développement résultaient du heurt tectonique des plaques générationnelles ?

La protection sociale est, certes, une thématique plus récente. Successivement fille, tutelle puis béquille de la croissance, elle sous-tend les enjeux sociaux et financiers, donc politiques, la lutte contre les inégalités en devenant l'emblème. Ses thuriféraires l'érigent en madone, ses contempteurs la comparent au tonneau des Danaïdes tandis que, heureusement, ses praticiens la considèrent comme une ardente obligation dont les débordements doivent toutefois être surveillés.

On le pressent, on le perçoit, on le hume, il y a maldonne. Celle-ci est imputable au défaut d'interdisciplinarité. Comment peut-on prétendre aborder, voire traiter l'économique, le démographique et le social sans les faire interagir ? Les relations qu'ils entretiennent peuvent-elles être approfondies sans recourir aux leçons de l'histoire, aux spécificités de la géographie, aux impératifs de la psychologie, aux réalités de la sociologie, aux fondamentaux de la politique, voire aux préceptes des religions ?

Un mot encore, non en forme de dithyrambe, mais de conviction.

Il n'est pas de civilisation rayonnante sans démographie expansive, de vitalité démographique sans progrès économique, de protection sociale pérenne sans la conjonction d'une expansion affirmée et d'une natalité soutenue. Cette interaction de l'économique, du démographique et du social est vitale, car elle soude son trépied au socle du développement durable, socle sans lequel aucune société n'avance.

En définitive, si l'honneur du politique consiste à imaginer et à agir, il est de son devoir de ne pas oublier que jamais rien de grand ne se bâtit sans le concours des hommes.

CHAPITRE 4

OUI À L'EUROPE

L'Europe vient du fond des âges, qui le nierait ? Évoquons donc les étapes qui ont jalonné son passé pour en mieux cerner les contours, avant que de décrire le patrimoine commun qu'elle recèle, déjà acquis ou encore à venir.

UNE HISTOIRE COMMUNE

Voici 35 000 ans que l'homme des cavernes la hante. Paléolithique et néolithique en livrent des traces irréfutables. Dès le septième millénaire avant le Christ, des vestiges de campements sont repérés en Grèce et dans les Balkans. Puis, durant les quatre mille ans qui suivirent, un processus de sédentarisation favorisa l'éclosion de civilisations pacifiques, à l'âme dévouée aux divinités et au cycle de vie rythmé par Dame nature.

Avec l'apparition de l'écriture, les activités des Minoens en Crète et, plus tard, celles des Mycéniens dans le Péloponnèse signent l'entrée de l'Europe dans l'Histoire. Entre – 1500 et – 500 en effet, l'âge du cuivre le cède à ceux du bronze, puis du fer : Ibères, Étrusques, Ligures et Celtes firent alors les armes s'entrechoquer. Des langues inédites apparurent, les savoirs s'enrichirent, les cultures s'enchevêtrèrent, les populations migrèrent plus aisément. Estompant lentement la protohistoire, l'Antiquité opposa la civilisation gréco-romaine, urbaine et sise sur les rives de « *mare nostrum* », aux hordes celtiques, germaniques, thraces et slaves préférant la campagne, contraste dont ni le goût de l'esthétique ni la ferveur religieuse ne pâtirent.

La culture grecque s'imposa rapidement. Sa pensée, sa force, son art, son mode d'organisation en cités États se répandirent si bien qu'à des degrés et des époques divers, l'Égypte, la Perse et l'Inde en subirent l'emprise. Intime de Périclès et de Sophocle, Hérodote, chantre des guerres médiques, vit en la Grèce une terre où coulaient le lait et le miel. Patriote, il vanta son courage et, nombriliste, loua son intelligence, attitudes que lui disputera le talentueux Aristote. Toutefois, il n'était point encore question de politique.

Alors que la vaillance de ses enfants lui permit de reculer ses bornes ici aux lisières du monde scandinave, là aux rives du Don, Rome la conquérante a, elle aussi, nourri des visées hégémoniques sans socle politique préalable. Les subdivisions provinciales qu'elle instaura et les fortifications frontalières qu'elle érigea fondèrent un immense territoire au sein duquel la citoyenneté romaine se gagnait et le latin devenait langue véhiculaire. Et si le droit a indéniablement constitué un de ses legs les plus prestigieux, n'oublions jamais que, nonobstant les atrocités et les persécutions, ce fut bien cet Empire qui enfanta le christianisme.

Au fil des siècles, invasions, guerres et autres turpitudes gommèrent le mot Europe des vocables connus. Caprice de Clio ou ironie de l'histoire, ce fut sous les coups de boutoir des invasions germaniques, slaves, asiatiques, mais surtout arabes, qu'elle prit à nouveau un tour politique : se soudant pour se défendre contre l'envahisseur, les peuplades du Nord de la Méditerranée tissèrent des liens qui permirent à Charlemagne, consacré *père de l'Europe* par son conseiller Angilbert, d'asseoir par le biais de capitulaires et de missi dominici un empire aussi vaste qu'éphémère. Tandis que, en Orient, l'Empire romain se transmuta en Empire byzantin pour un millénaire encore.

Ignorant le temps, l'Église chrétienne transmit l'héritage romain, tantôt en en compilant les textes, tantôt en en propageant le droit. Au virage du premier millénaire, les incursions des Vikings et des Varègues en entravèrent la diffusion avant qu'au plan sociopolitique les féodalités n'imposent le régime de vassalité. Avec l'élan impulsé par les Croisades, les gigantesques défrichements, l'essor du commerce et un léger frémissement des techniques, notre continent connut deux ou trois siècles de prospérité pendant lesquels des osmoses avec d'autres civilisations s'accomplirent, favorisant ainsi la germination du message humaniste. Si l'État était de retour, ce fut pour peu. En effet, au cours du bas Moyen Age, période incertaine si elle ne fut glauque, la contraction de la démographie accentuée tant par la guerre de Cent Ans que par la peste noire d'une part et le schisme d'Occident d'autre part vermoulèrent les piliers de la papauté et de la royauté. Car, à cette époque, dans un climat d'intolérance, de haine et de violence avéré, guelfes et gibelins rivalisèrent à la mesure des prétentions des têtes ceintes de tiares et de couronnes, cependant que, à nos marches, de nouvelles puissances à l'instar de la Russie, de la Pologne ou de la Hongrie prirent consistance. Hors de rares écrits, dont ceux de Dante, le terme d'Europe s'enfouit à nouveau dans le sablier du temps, laissant place à celui de chrétienté.

Avec la Renaissance à l'étymologie si véridique, les ambitions nationales qu'exaltèrent les méditations de Machiavel et qu'attisèrent les exhortations mercantilistes aidèrent le fils de Charles Quint, Philippe II, à endiguer les avancées ottomanes à la bataille de Lépante et, partant, à magnifier les destinées d'un empire sur lequel jamais le soleil ne se couchait. De peu antérieures, les expéditions d'un Henri III le Navigateur, d'un Christophe Colomb ou d'un Vasco de Gama permirent à l'Europe de découvrir des horizons inexplorés, essaimant comptoirs, compagnies et croyances. Dès lors, l'Europe se délita non plus par contraction, mais par extension au point que d'aucuns firent état de *proto mondialisation.*

Renouant avec la croissance, forts de leurs conquêtes coloniales et dirigés par des monarques éclairés, les royaumes se renforcèrent peu à peu. L'absolutisme triompha, le temps d'être bousculé à l'ère des Lumières. Révolution industrielle aidant, les notions d'État et de nation entrèrent en symbiose : les poussées nationalistes affleurèrent – l'épopée napoléonienne n'en ayant pas été la moindre –, tandis que les peuples s'émancipèrent. Des chocs d'ambitions firent alors vaciller notre continent.

En dépit des efforts pour bâtir une Europe pacifiée – qu'on songe au discours enflammé de Victor Hugo en faveur des États-Unis d'Europe pour mettre un terme à la domination des Serbes par les Turcs, au projet d'États-Unis d'Europe d'Aristide Briand ou encore au mouvement paneuropéen du comte Coudenhove-Kalergi –, de fortes rivalités redessinèrent les confins des empires coloniaux avant que d'engendrer deux conflagrations planétaires, toutes deux nées en Europe. Le heurt des nations excluait ainsi toute édification commune. La Grande Guerre qui décima des millions de soldats et de civils ne fit qu'attiser les rancœurs et, par suite, aviver les mouvements politiques extrémistes de sorte que, stigmatisés par la crise de 1929, ils n'éprouvèrent guère de difficultés à pousser les démocraties vers le chaos. Dans ce contexte apocalyptique, seul Adolf Hitler, dans ses rêves les plus fous, en tout cas sanguinaires, croyait en l'avènement d'une « Europe Nouvelle[14] » qui eut pour funeste aboutissement le dépeçage de notre continent au profit de protectorats créés

---

[14] « *Neue Europa* ».

par les États-Unis et l'Union des républiques socialistes soviétiques. En condamnant ces accords desquels il avait été évincé, Charles de Gaulle eut une vue prémonitoire. Et comme elle se refusait à rebondir, l'Europe devait s'alanguir d'étouffement. Ainsi en alla-t-il.

L'histoire de l'Europe d'après-guerre est davantage connue. Si l'équilibre de la terreur institué par la guerre froide et le mouvement de décolonisation ont accéléré sa construction, force est d'admettre que l'intuition d'un Robert Schuman, soufflée par Jean Monnet et, mieux encore, la volonté politique conjointe de Charles de Gaulle et de Konrad Adenauer ont été des éléments déterminants.

Au fil des siècles, l'Europe a connu des vagues d'élargissement et des phases de contraction, toutes deux causes d'innombrables défis. Vu que sa construction a charrié son comptant d'avatars, il paraissait légitime d'en étudier les confins. Ces contours ont d'abord pris forme sur son flanc ouest, avant que de s'étendre à ses lisières orientales.

DES CONFINS COMMUNS

Le terme de *confins* est plus que suggestif. Couché pour la première fois dans les *Mémoires* du chroniqueur français Philippe de Commynes publiées au terme des règnes de Louis XI et de son fils Charles VIII, en 1498, ce mot vient en droite ligne du latin médiéval *confina*, dont la racine latine *confine* dérive du mot *limis* qui suggère la notion de limite.

À l'Ouest

À l'Ouest, le processus d'élargissement s'est déroulé en quatre étapes. Les membres qui signèrent le Traité fondateur – la France, l'Allemagne, l'Italie, la Hollande, la Belgique et le Luxembourg – furent rejoints en 1973 par trois nouveaux pays – la Grande-Bretagne, l'Irlande et le Danemark. Soucieuse d'un rééquilibrage au Sud, l'Europe s'est alors étendue à la Grèce (1981), puis à l'Espagne et au Portugal (1986). En 1995, la Communauté économique européenne (CEE) devenue entre-temps Union européenne (UE) s'étendit à la Suède, à l'Autriche et à la Finlande[15]. L'Europe des Quinze vagit.

D'évidence, nombre de désaccords – disparités budgétaires, divergences dans les législations fiscales... –, de même que plusieurs remises en question – corsetage des comptes publics, disparition du change en tant que levier d'ajustement à des chocs asymétriques... – survinrent. De plus, d'incontestables faiblesses se manifestèrent à l'instar des saupoudrages de fonds ou de stratégies avant-gardistes insuffisamment hardies au plan technique... De plus, des manques – politique sociale embryonnaire, initiatives internationales mal coordonnées... – sont apparus. Mais, en dépit de ces imperfections et de ces ratés, le bilan de l'édification, même s'il reste amendable, paraît positif. À preuves, les libertés de s'implanter, de produire, d'investir, d'échanger, de placer, d'aller et de venir qu'a favorisées le marché unique ont accentué l'homogénéité de l'espace en rapprochant les peuples. Force est d'admettre que le gradualisme est toujours plus payant que la frénésie.

À l'Est

À l'Est, l'URSS avait initialement fait tomber une chape de plomb en instituant le Conseil d'assistance économique mutuel (CAEN) qui se voulait une réplique de la CEE par-delà le mur de la honte. À sa tombée, en 1989, des nations désireuses de crédibiliser leur adhésion à l'Alliance atlantique ont cherché à se rapprocher du modèle dont

[15] Signalons que sollicité à deux reprises, en 1972 et en 1994, le peuple norvégien s'est prononcé négativement.

l'Ouest était porteur. Six grandes étapes furent franchies. Des accords comprenant des allégements de droits de douane furent conclus en vue de précipiter la transition par l'intensification des échanges. Puis, des fonds ciblés – formation professionnelle, santé publique, libération des marchés, promotion des PME, restructuration du secteur productif étatique, mise en sécurité des centrales nucléaires... – furent débloqués par l'Europe dans le cadre du programme PHARE (Pologne, Hongrie, Aide à la Reconstruction des Économies). Au cours d'une troisième phase, la Commission conçut des procédures associatives allant dans le sens d'un démantèlement tarifaire dans le secteur industriel, de même que des structures de dialogue politique aptes à tester la robustesse des volontés d'adhésion. Ces dernières forgèrent une quatrième étape dans la mesure où il revenait aux pays candidats de respecter les conditions politiques et économiques préalables édictées au Conseil européen de Copenhague (1993). Ensuite, sous les auspices de ceux d'Essen (1994) et de Madrid (1995), des stratégies de pré adhésion furent pensées pour faciliter la résorption des retards : les progrès accomplis en matière de recomposition des institutions politiques, administratives et judiciaires afin d'assimiler les acquis communautaires furent appréciés à l'aune d'une procédure du suivi. Enfin, pour accompagner la marche à la démocratie et à la privatisation, la Banque européenne pour la reconstruction et le développement (BERD) fut créée.

Le gradualisme a, là aussi, fortement imprégné les discussions. Au terme de négociations d'adhésion, Chypre, la République tchèque, l'Estonie, la Hongrie, la Lettonie, la Lituanie, Malte, la Pologne, la République slovaque et la Slovénie devinrent membres de l'Union au 1er mai 2004. En sorte que l'effondrement du communisme suscita l'élargissement géographique le plus significatif que l'Europe libre n'ait jamais connu ! Signataires du Traité d'adhésion le 25 avril 2005, deux autres pays candidats, la Bulgarie et la Roumanie, ont vu leur entrée différée au 1er janvier 2007. À noter qu'à l'image des pays qui les avaient précédés, ces deux États ont disposé de facilités transitoires de post-adhésion. Enfin, après moult avatars, la Croatie a intégré l'Union le 1er juillet 2013.

Ce processus d'intégration des treize nouveaux membres laisse bien des problèmes irrésolus : disparités de développement, maigreur de la formation de capital, inégalités criantes, niveaux de vie bas, protection sociale très hétéroclite, circuits de financement fragiles ou douteux, corruptions en tout genre, secteur agraire enflé et arriéré... En dépit de louables efforts tant de la part des impétrants que de celle de l'Europe, l'intégration de ces nations poursuit toujours son chemin.

Si élargissement et dilution se contredisent, élargissement et partenariat se conjuguent. Il n'est plus question de repousser nos limites pour s'en réjouir, à l'instar d'une Catherine II qui prétendait que l'unique façon de défendre les frontières était de les étendre, ce qu'elle fit en grignotant l'Empire ottoman et en disloquant la Pologne. Au contraire, l'heure est à la proclamation, haute et claire, de ce que notre périmètre confine à la confluence de valeurs éthiques, culturelles et religieuses qui portera sur les fonts baptismaux le seul projet qui vaille : le combat pour l'élévation de l'homme dans un contexte pacifié et solidaire.

À ce périmètre que vient fragiliser le Brexit se trouvent associés d'incontestables succès.

DES FIERTÉS COMMUNES

Il serait ici immodeste de prétendre les relater toutes. Aussi se cantonnera-t-on à en citer quelques-unes parmi les plus significatives.

S'agit-il de la politique régionale ?

Désormais première action économique de l'Union, la politique régionale qui embrasse aussi la ruralité et le développement durable, se présente comme un puissant moteur d'intégration et un levier de solidarité financière significatif. Elle est apparue dès le Traité de Rome dans le dessein revendiqué de promouvoir un développement harmonieux. Il n'était guère pensable, en effet, de viser la constitution d'un marché commun dénotant des disparités régionales par trop flagrantes en termes de scolarité, d'emploi, d'infrastructures, voire de précarité. Bref, en droit comme en fait, c'est la cohésion économique et sociale qui fonde l'action régionale. Plusieurs directions ont été poursuivies dans un passé relativement récent : 1/ la mise sur pied de critères permettant l'accès aux fonds structurels, le recentrage des initiatives communautaires et le ciblage de l'attribution des fonds de cohésion dès 1999 ; 2/ trois orientations essentielles - convergence, compétitivité régionale et emploi, coopération territoriale - durant le septennat 2007-2013 ; 3/ pas moins de 325 milliards pour la période 2014-2020 – désormais première dépense de l'Union - affectés aux États membres, à leurs régions et à leurs villes pour soutenir la croissance et l'emploi, pour lutter contre le changement climatique et la dépendance énergétique, et pour circonscrire l'exclusion sociale. Afin de s'adapter à des contextes toujours plus mouvants, ces voies et moyens alliant flexibilité, efficacité et équité doivent être activement poursuivis et renforcés. Le modèle de développement européen ne pourra que s'en trouver affermi.

S'agit-il de la politique agricole ?

Globalement, la politique agricole et la politique de la pêche, bien qu'imparfaites, ont permis de très notables avancées. Elles ont surmonté les carences d'offre, défini une stratégie de stockage qui, en dépit d'inévitables péripéties, s'est révélée payante, sécurisé les approvisionnements tout en mettant un terme aux surplus de viande bovine, de céréales, de beurre et de lait, stabilisé nombre de marchés dans un contexte mondial incertain, solutionné des problématiques agri-monétaires, maîtrisé l'utilisation d'engrais aux effets secondaires néfastes, inauguré des orientations agri- et aqua-environnementales (développement des tourismes vert et maritime, promotion du patrimoine rural et de la connaissance des produits de la mer, préservation des paysages, propreté des sites marins...), bref, bon an mal an, initié et assuré des conditions économiques, écologiques et sociales durables. En moyenne, tant les niveaux de vie et d'éducation des travailleurs de ces secteurs que leur couverture sociale et les formations qui leur sont offertes sont sans commune mesure avec ceux de naguère. Et tout cela pour un coût de quelques dizaines d'euros par habitant. Qui ne s'en réjouirait ? Toutefois, la route des réformes reste parsemée d'embûches, comme l'atteste le mal-être du monde paysan. L'intégration des économies des PECO à dominante agraire disposant, pour certaines d'entre elles, d'activités marines dynamiques rend la tâche plus encore ardue. Aussi convient-il de déblayer les pistes qui conditionneront les politiques agricole et piscicole futures en termes de positionnement d'offre face à la faim dans le monde, de montée des coûts et de répartition de leurs charges, d'impact des modifications des goûts et des retombées technologiques. Autant de défis à relever pour les gardiens de la nature comme pour les États. De tels dispositifs ne peuvent évidemment être imaginés hors du contexte mondial. L'enjeu est de taille puisque l'objectif est de nourrir plus de neuf milliards d'humains à l'horizon 2050 ; d'après les spécialistes, cela impliquerait le doublement de la production alimentaire actuelle…

S'agit-il des libres circulations ?

Compte tenu des élargissements successifs, le marché européen héberge un demi-milliard d'habitants, troisième pôle démographique sur la planète. Son édification est dorénavant chose faite, nonobstant des dérogations que dictent les circonstances. Cette unification qui a favorisé la libre circulation des flux de toute nature – marchandises, services, capitaux, hommes – a exigé la définition de règles afin de garantir une concurrence loyale, profitable à tous, producteurs comme consommateurs. La réglementation de la concurrence qui vise au décloisonnement des marchés et à la libre circulation des biens et des services doit se réclamer d'une stratégie de loyauté tant à l'égard de la liberté d'entreprendre qu'à celle d'échanger. D'où la vigilance de la Commission face aux infractions des cartels et autres abus, mais sa relative clémence au regard d'alliances stratégiques ou d'accords de coopération entre PME. En ce domaine comme dans d'autres, elle érige le pragmatisme en règle de conduite, persuadée qu'elle est qu'il n'est pas de meilleur aiguillon qu'une saine émulation. C'est pourquoi en sollicitant l'appui de l'OMC elle cherche à renforcer la coopération entre les autorités nationales de la concurrence dans le monde entier et à étendre le principe de transparence sur le globe, tout en s'assurant que les besoins des pays pauvres ne soient pas lésés. Il faut savoir que nombre d'entreprises se servent de l'espace européen comme tremplin pour réussir leur envol mondial. En l'unifiant plus étroitement, en le fluidifiant davantage, en le rendant plus concurrentiel, son irrigation s'approfondira. Les politiques communes en seront mieux assimilées et mieux comprises : l'intégration s'affermira ; le sentiment de citoyenneté européenne, gage de cohésion, percera.

S'agit-il de la monnaie ?

Complément logique du grand marché, la monnaie unique est un ciment d'union politique car, depuis la nuit des temps, battre monnaie est un privilège régalien. Elle devrait accélérer le processus de convergence et former un élément déterminant de rapprochement entre les peuples. L'intégration monétaire est, en vérité, un événement historique. Peu fréquentes dans l'histoire, la plupart des fusions monétaires ont fait suite au forgement d'une union politique, tant et si bien que d'aucuns s'appuient sur cette référence pour prédire l'échec de l'euro. Faut-il leur rappeler que l'Allemagne comptait pas moins de trois cents monnaies distinctes à l'aube du XIXe siècle et que cent-cinquante ans plus tard, fondues dans le deutschemark, elles donnaient naissance à une monnaie-phare dans le monde ? À moins d'exalter un déterminisme historique suranné, on voit mal en quoi les déconvenues d'hier conditionneraient d'éventuels fiascos de demain, fait qui n'équivaut pas pour autant à ignorer les difficultés qui secouent la zone euro. Sans égrener les enseignements du passé[16] - traité de Rome, plan Barre, plan Werner, serpent et tunnel, système monétaire européen, plan Delors…-, force est de constater qu'avec la signature du traité de Maastricht, enrichi par des traités ultérieurs - Amsterdam (1997), Nice (2000) et Lisbonne (2007) - une nouvelle ère s'ouvrait. À l'aune de cinq critères, dits critères de Maastricht - inflation, déficit et endettement publics, taux d'intérêt longs, stabilité du

[16] On pourra se référer, entre autres, à notre ouvrage intitulé « *L'Union européenne en dix leçons* », éd. Archétype 82, 16e éd, 2019.

change -, le traité aboutit à instituer l'euro et à unifier la politique monétaire des pays membres de la zone euro. Sur les quinze membres qu'elle comptait alors, onze pays de l'Union la fondèrent ainsi. Quatre restèrent hors-jeu, la Grèce pour irrespect des critères, la Grande-Bretagne, le Danemark, la Suède par volonté nationale. Puis, la Grèce ayant fait amende honorable ou du moins c'est ce qu'on a cru, l'Euro Onze s'est transformé en Euro Douze, rebaptisé Euro groupe.

DES PROJETS ET DES LACUNES COMMUNS

Outre le projet monétaire[17], certes le plus important, l'Union fourmille d'ambitieux desseins ; le contenu des trente-cinq chapitres passés sous revue lors d'une demande d'adhésion ne peut qu'en attester. D'autres intentions relevant pour la plupart de coopérations renforcées témoignent de louables aspirations : les programmes de navigation par satellite (Galileo), de surveillance des changements environnementaux (GMES), de recherche nucléaire (ITER), voire de conquête spatiale le prouvent.

Cela étant et pas forcément à tort, les habitants de l'Union la jugent complexe, lointaine, incertaine. D'un côté, ils admettent qu'elle est leur unique planche de salut mais, de l'autre, en entravent l'évolution sitôt que l'occasion se présente : les résultats des referenda français et hollandais de 2005 rendant caduc le projet de Constitution, le rejet irlandais du traité de Lisbonne trois ans plus tard, l'anémique participation aux élections parlementaires de 2014 et le résultat de la consultation britannique sur la sortie du Royaume-Uni en témoignent. Bref, les citoyens attendent de l'Union des subsides à profusion - notre pays n'est-il pas le premier bénéficiaire de

[17] Le lecteur est renvoyé au chapitre suivant, entièrement dédié à la monnaie européenne.

la politique agricole ? -, mais la vilipendent à la première tourmente. Sans égrener la litanie des discours patelins à l'ignorance savamment étudiée.

Oui, l'Union européenne demeure imprécise, oui son modèle d'économie sociale de marché reste à peaufiner, oui elle n'est pas encore cet espace de vie où devraient se lover les solidarités, oui elle connaît des temps moroses parce que sa construction patine, entre autres sur le plan migratoire, car, pas plus que la France, elle ne peut accueillir toute la misère du monde.

Peut-on pour autant prétendre que sa construction soit un échec ? Sans dénier les ratages des processus d'union politique et les loupés de l'intégration économique, cette appréciation erronée doit être dénoncée pour au moins quatre raisons. *Politiquement*, après des déchirements millénaires, l'Union est devenue un havre de paix, garant de sécurité et de prospérité. *Économiquement* et sous l'angle planétaire, elle est la deuxième puissance, le premier marchand, la première force industrielle, le premier pôle tertiaire, la première terre d'accueil des capitaux internationaux, l'abri du plus gros stock d'or, et, à la fin, l'espace qui héberge une zone dont la monnaie s'est hissée en vingt ans au deuxième rang mondial derrière celle qui a plus de douze fois son âge. *Sous l'aspect social*, sa construction a protégé ses résidents de nombreuses vicissitudes mondiales : en dépit de violentes bourrasques, elle a, - comparativement à ce qui s'est produit sur le globe - préservé le pouvoir d'achat des plus humbles et octroyé un degré de protection sociale envié dans le monde entier, pays riches inclus. *Dans une perspective sociétale* enfin, l'octroi de plus de la moitié de l'aide publique planétaire au Tiers-monde, les coopérations scientifiques, les échanges culturels, les découvertes communes, les réunions de jeunes, les comités de jumelage, les débats de toutes natures... fondent autant de pierres angulaires de l'Europe des gens, la seule qui vaille.

Défendre l'Europe des valeurs, renforcer l'Europe de la sécurité, inventer l'Europe sociale, soutenir l'Europe de l'innovation, transformer notre Europe, aujourd'hui menacée d'ankylose, voilà des pistes tracées à demain. Quant à savoir s'il convient de lui préférer la nation, martelons sa devise « *Unis dans la diversité* », et, mieux encore, citons Charles de Gaulle quand il déclarait : « *Du moment que je suis Français, je suis Européen* ».

L'Europe demeure notre horizon, assurément.

CHAPITRE 5

L'EURO, MONNAIE MONDIALE[18]

Si, dans le règne du vivant, gestation, naissance, enfance et adolescence préfigurent la maturité, pourquoi en irait-il autrement dans le monde monétaire, réalité tout aussi criante ?

L'intégration monétaire est, en soi, un événement historique. Peu fréquentes dans l'histoire, la plupart des fusions monétaires ont été le fruit d'une union politique, tant et si bien que d'aucuns s'appuient sur cette vérité pour prédire l'échec de l'euro. À moins d'exalter un déterminisme suranné désespérément accroché au privilège régalien de battre monnaie, on ne voit guère comment des déconvenues d'hier conditionneraient d'hypothétiques fiascos de demain. Faut-il rappeler que l'Allemagne comptait trois cents monnaies distinctes à l'aube du XIXe siècle et que, cent cinquante ans plus tard, unifiées sous le nom de deutschemark, elles donnaient le jour à une monnaie-phare dans le monde ? Bien sûr, pareille observation n'équivaut pas à ignorer les difficultés qui trament la zone euro aujourd'hui. Complément logique du marché unique, l'euro reste cependant un accélérateur de

---

[18] Ce chapitre reprend la majeure partie d'un article intitulé « *Sur la maturation d'une monnaie mondiale* » que nous avons publié à l'occasion du vingtième anniversaire de l'euro dans la *Revue Internationale des Économistes de Langue Française* (RIELF, 2019, vol.4, n°1).

convergence et devrait, à terme, constituer un élément déterminant de rapprochement entre les peuples.

La devise européenne n'a pas éclos dans l'immédiateté ; bien au contraire, plusieurs expériences monétaires communes en ont préfacé l'avènement. C'est donc seulement après en avoir décrit les étapes saillantes, qu'avatars et controverses liés à l'euro seront évoqués.

LE TEMPS DE L'INCERTITUDE OU CELUI DE LA GESTATION

Tenons-nous en aux faits.

Le traité de Rome

Le Traité de Rome prévoyait une période de douze ans, plafonnée à quinze, pour libérer les mouvements de capitaux et coordonner les politiques. Un objectif inconditionnel concernait les investissements directs, les placements immobiliers et les transferts des économies des travailleurs, alors qu'un objectif conditionnel portait sur les émissions de titres étrangers et les déblocages de prêts à moyen et long terme liés à des opérations commerciales. La coordination des politiques était assurée par un Comité de politique conjoncturelle et un Comité de politique économique à moyen terme, tous deux rattachés à la Commission et tenus de lui faire des propositions. C'est dans cet esprit qu'en 1964 furent mis sur pied un Comité de politique budgétaire et un Comité des gouverneurs des banques centrales, et que fut annoncé le resserrement de la collaboration interétatique en matière monétaire internationale. Du reste, il avait été entendu que tout pays s'apprêtant à pratiquer une mutation monétaire - dévaluation ou réévaluation - devait en informer préalablement le Conseil.

Mémorandum et plan Barre

Dans une veine similaire, la Commission rédigea en février 1968 un mémorandum qui visait à rendre les changements de parités plus difficiles et à mettre en place des concours financiers mutuels. Hélas, rien ne s'ensuivit en raison des mouvements politiques et sociaux du printemps 1968.

L'année suivante, un nouvel agenda fut édité sous le nom de plan Barre. Il comprenait plusieurs modalités inédites : une synchronisation des politiques à moyen terme en fonction d'objectifs de croissance, de prix, d'emploi etc. ; des procédures de concertation à court terme systématiques ; l'accentuation de la solidarité monétaire au moyen de concours financiers. Ces intentions de collaboration renforcée, fort louables et en partie suivies, seront dépassées par la volonté d'une union monétaire authentique.

Plan Werner et accord de Bruxelles

C'est le plan Werner qui en constitua le socle. Sous la houlette de cet ancien ministre des finances luxembourgeois, la Commission européenne esquissa les étapes d'acheminement vers l'Union monétaire. Elles étaient frappées au sceau d'une convergence accrue des politiques, gage d'une intégration monétaire effective qui impliquait, d'une part, la libération de la circulation des flux de toute nature et, d'autre part, la libre convertibilité des monnaies entre elles. S'agissant des instruments, ce plan prévoyait le transfert de compétences au profit de la Communauté, notamment en matière de fixation des taux d'intérêt et de gestion des stocks de devises. Il avait en outre échafaudé l'organisation d'un système de banques centrales inspiré du modèle américain et envisagé l'institution d'un pôle centralisé de décision de politique économique. Sa réalisation se calait sur un calendrier : du 1er juin 1971 au 30 mai 1974, les orientations devaient être définies, la soudure des monnaies consolidée par le pincement des marges de fluctuation, et le rôle du Comité des gouverneurs clarifié. Dans une phase ultérieure, la création d'un fonds monétaire et le resserrement des liens interétatiques étaient envisagés.

Le plan Werner fut à l'origine de l'accord de Bruxelles (1971) duquel émanèrent trois décisions : des interventions concertées sur les marchés de change et la réduction tendancielle des marges de fluctuation ; le resserrement de la coopération entre Instituts d'émission et entre États d'un point de vue conjoncturel ; la finalisation des concours financiers. Si ce plan a formé une étape probante de la construction européenne, les remous monétaires qui advinrent de même qu'une indéniable carence de volonté politique en entravèrent l'application.

Le serpent et le tunnel

Le 15 août 1971, le système monétaire international (SMI) tel que conçu à Bretton Woods en 1944 était enterré à demi, car le président des États-Unis, Richard Nixon, décréta l'inconvertibilité du dollar en or. Comme, par la suite, la fréquence et l'ampleur des modifications de parités eurent raison du système des changes fixes, le SMI implosa. Dans ce climat tourmenté, l'Europe chercha alors à relancer une dynamique afin de se protéger des aléas internationaux. La coordination des politiques économiques à court terme fut affermie, le Fonds européen de développement économique régional (FEDER) créé, les marges de variation entre devises amenuisées et le serpent monétaire inventé. Une nouvelle page de l'histoire de l'intégration s'écrivait.

Techniquement, le cours des monnaies exprimé en dollar pouvait varier dans une amplitude de plus ou moins 2,25 %, amplitude qui déterminait la hauteur de ce qu'il était convenu d'appeler *le tunnel.* En son sein, évoluait un *serpent* liant les devises européennes, les variations des cours entre elles ne pouvant excéder 2,25 % au total, soit la moitié de celles autorisées par rapport au billet vert. La crédibilité de ce système reposait sur des interventions des banques centrales fondées sur des aides financières de court terme. D'où la naissance, en octobre 1972, du Fonds européen de coopération monétaire (FECOM). Dès la fin de l'hiver suivant, le serpent sortit du tunnel suite à une dévaluation du dollar ; puis, sous l'effet du premier choc pétrolier, les vicissitudes s'accumulèrent tant et si bien que les politiques économiques, sans être antagoniques, manquaient de convergence. Plusieurs pays, à l'instar de la France dont les réserves de change fondaient telle neige au soleil, abandonnèrent le système, fût-ce temporairement. Malgré quelques soubresauts, le serpent monétaire avait vécu.

En termes médicaux, ce premier fœtus monétaire européen n'arriva pas à terme. Les années passèrent, et l'Europe eut à subir les avatars de la mondialisation afin de restaurer une stabilité propice à la croissance et au négoce. Pour reprendre notre allégorie, l'édification du système monétaire européen (SME) qui matérialisa sa réaction s'apparenta à une nouvelle fécondation.

Le système monétaire européen

Adopté lors du Sommet des 5 et 6 décembre 1978, et entré en vigueur le 13 mars de l'année suivante, le SME rétablissait la stabilité des monnaies entre elles en garantissant leur libre convertibilité et en affichant davantage de solidarité financière entre les adhérents.

Une nouvelle monnaie, l'*European Currency Unit* (ECU), acquit le statut d'unité de compte, de moyen de règlement et de monnaie de réserve. L'écu était défini à partir d'un panier de monnaies, neuf à l'origine, puis quatorze, affectées de coefficients pondérateurs liés à la production, au commerce et à la contribution financière aux mécanismes de soutien. La révision de cette ventilation était possible sitôt que le poids d'une monnaie changeait de plus d'un quart de sa valeur. De fait, son cours était plus stable que celui des devises le composant, puisque sa valeur découlait d'une confrontation de parités qui étaient pondérées et évoluaient en sens opposé. En sorte que sa composition ne fut réexaminée qu'à deux reprises, en vérité aux dates prévues, les 17 septembre 1984 et 21 septembre 1989.

Les mécanismes de change reposaient sur des taux pivots, des marges d'amplitude et des seuils de divergence, indicateurs que les banques centrales suivaient de fort près. Un *taux pivot* était le taux d'une devise exprimé en écus, taux qui se modifiait au gré des changements de parités ; en conséquence, la valeur des parités bilatérales découlait logiquement des cotations de chaque monnaie en écus. Les *marges d'amplitude* établies à plus ou moins 2,25 % par rapport à ces taux fixaient des cours plafonds et planchers ; à leurs bornes, les banques centrales étaient tenues d'intervenir, et pas seulement celle du pays dont la devise se trouvait attaquée, contrairement aux dispositions antérieures. Finalement, pour éviter des réactions hâtives, des *seuils de divergence* furent arrêtés à 75 % des écarts autorisés, soit à plus ou moins 1,7 % par rapport au cours central. Au-delà de ces limites, le pays concerné avait l'obligation de réagir soit en intervenant sur les marchés de change, soit en réorientant sa politique économique, soit en modifiant le cours pivot, un cocktail entre ces mesures n'étant pas exclu. Avant que les seuils de divergence ne fussent atteints, les pays décidaient d'agir ou non : dans l'affirmative, on faisait état d'interventions infra marginales, tandis qu'en cas de dépassement de ces seuils, il leur fallait puiser dans les réserves de devises si bien que les interventions devenaient marginales. Quelle qu'en fût la nature, ces dernières consommaient des avoirs de change, et comme leur volume était par définition limité, des facilités financières réciproques furent imaginées. À cette fin, les banques centrales des pays adhérents mettaient au pot commun le cinquième de leurs réserves en or et en dollar détenues le mois précédent et, en contrepartie, se voyaient créditées de leur contre-valeur en écus. Elles disposaient ainsi de lignes de tirage en forme de crédits croisés (swaps), étant entendu que la dette contractée par le pays dont la monnaie avait été chahutée devait être remboursée selon des modalités spécifiées. Le FECOM apparut comme l'organisme idoine pour l'y aider en courte période. Au su de ces mécanismes, on saisit la place éminente échéant à l'écu dans ces opérations puisqu'il symbolisait ni plus ni moins la solidarité financière communautaire. À moyen terme, un dispositif identique avait été mis au point, notamment pour résoudre les difficultés structurelles de balance des paiements, mais sous limite de plafonds. Enfin, dans le long terme, des prêts furent concédés aux pays manifestant des retards de développement. Une multilatéralisation du système de crédit s'ensuivit.

Dresser un bilan est délicat, car l'objectivité est de mise. À l'actif de ce système, on portera la stabilisation des taux de change, y compris vis-à-vis des monnaies tierces, ce qu'on peut considérer comme un exploit à une époque où le dollar et le yen jouaient déjà au yoyo. Il a accru la convergence des politiques économiques et induit une désinflation générale, source de mieux-être social. Il a de concert poussé les pays participants à une discipline monétaire, ce qui n'était pas peu. Mais il n'a pas comporté que des avantages. Il a fait porter le poids des ajustements sur les pays à monnaie faible, puisque l'intervention marginale imposait de réagir, à l'inverse de l'intervention infra marginale. L'alignement des taux d'intérêt de ces pays sur les taux allemands fixés à un niveau élevé pour attirer les capitaux requis par le redressement de l'ex-Allemagne de l'Est a été préjudiciable à leur croissance et à leur équilibre externe. En outre, en soudant les cours des devises, il a dépouillé la politique du change de sa capacité de réplique à des chocs asymétriques. Finalement, le SME prit fin le 2 août 1993 quand les ministres des finances et les gouverneurs des banques centrales convinrent d'élargir les marges de variation autour des cours pivots bilatéraux à plus ou moins...15 % ! D'adaptables, les parités devinrent glissantes ; bref, si la face était sauve aux yeux de l'opinion, l'essence du SME était altérée à ceux des spécialistes.

Fidèle à la métaphore incluse dans le titre de cet article, on serait tenté d'avancer que l'ECU disparut à quinze ans, donc à l'adolescence, souffrant d'une malformation congénitale, celle de ne pas disposer de tous les attributs d'une monnaie digne de ce nom.

Tandis que, avant ce décès, la procréation de la monnaie unique avait été opérée : une autre naissance s'annonçait, déroulant devant elle une ère nouvelle.

LE TEMPS DE L'INQUIÉTUDE OU CELUI DE L'ÉCLOSION

Au Conseil de Hanovre de juin 1988, une feuille de route fut entérinée. Pour la tracer, un comité d'experts, présidé par Jacques Delors, fut en charge de rédiger un rapport qui, au final, enfantera le Traité de Maastricht.

Le plan Delors

Sur fond d'achèvement du grand marché et de consolidation de l'espace financier européen, le plan Delors prôna la réalisation de l'Europe économique et monétaire (UEM). À la différence du rapport Werner, il ne se cantonna pas à la défense des monnaies dans un contexte financier international déliquescent : l'union monétaire, c'était la fixité des parités et, par suite, la suppression des marges de fluctuation ; c'était aussi la garantie d'une entière convertibilité entre les devises, la libération des flux de capitaux et l'intégration bancaire et financière ; c'était encore l'avènement d'une monnaie unique qui devait parfaire l'achèvement du grand marché. *« Bien qu'une union monétaire n'implique pas nécessairement une monnaie unique, observe le rapport, celle-ci serait une caractéristique souhaitable d'une telle union ».* Union monétaire, certes, mais également union économique. Les thématiques de marché unique, de politique de la concurrence, de politique d'ajustement structurel, de politique de développement régional ou de coordination de politiques macroéconomiques en composèrent les diverses déclinaisons. Pour ce qui était des outils, le plan distingua ceux qui relevaient de la politique monétaire et ceux liés à la politique économique dans un sens large. Le système européen de banques centrales, auquel on fixa la stabilité des prix pour objectif, fut préconisé pour communautariser la politique monétaire ; chapeautant les Instituts d'émission nationaux, il devait être indépendant des gouvernements, à l'image de la Bundesbank. Quant aux autres instruments de politique économique, ils continuaient de relever des compétences nationales. Par ailleurs, la référence au principe de subsidiarité était implicite. S'agissant du tempo, le plan Delors prévoyait un déroulement en trois phases. La première marquait à la fois l'achèvement du marché intérieur et la consolidation des politiques structurelles et de concurrence ; concomitamment, Ecofin - Conseil rassemblant les ministres de l'Économie et des Finances - devait ébaucher une procédure de convergence, affiner la réglementation bancaire et mettre au point des règles prudentielles. Les attributions dévolues au Comité des gouverneurs furent arrêtées de concert. La deuxième phase, par nature transitoire, recouvrait l'évaluation des politiques économiques, l'accélération de la convergence, la supervision des déficits publics et les modalités de leur financement, le rétrécissement des marges de fluctuation, la création du système européen des banques centrales (SEBC), la formulation d'une politique monétaire commune et le transfert progressif d'une partie des réserves de change au SEBC. L'étape ultime édictait des mesures contraignantes, fixait des ajustements structurels significatifs, scellait les parités entre elles, imputait la gestion des réserves de change au SEBC, invitait l'Europe à s'exprimer d'une seule voix dans les négociations internationales et, bien sûr, consacrait la naissance de la monnaie unique. Il y avait là les ingrédients d'un compromis acceptable. Du reste, ils permirent le lancement de la première étape au 1er juillet 1990, mais les discussions furent interrompues pour différents motifs. Néanmoins, au vu des conclusions du rapport Emerson dont la mission consista à comparer les coûts et les avantages de la construction économique et monétaire, la Commission, suivie par le Conseil, se prononça en faveur de la monnaie unique. Un projet de Traité fut rédigé dans la foulée (1991).

Le traité de Maastricht

Adopté dans la ville qui porte ce nom, en Hollande, le 7 février 1992, le Traité de Maastricht déborde l'UEM parce qu'il traite des deux autres piliers que sont, d'un côté, la politique étrangère et la sécurité commune, et, de l'autre, la justice et la police. S'inspirant du plan Delors, il fut complété par les décisions de plusieurs Conseils européens aussi bien que par les Traités d'Amsterdam en 1997, et de Nice en 2000.

Commençons par en exposer le cheminement temporel. La première phase dont le terme fut arrêté à fin 1993 avait trait à la politique monétaire et prévoyait la mise en place de programmes pluriannuels dans divers États afin d'y accélérer le retour de la stabilité des prix et d'y réaliser la clôture des déficits publics. La conformité avec les dispositions du Traité apparaissait donc comme une exigence naturelle. Au cours d'une deuxième période, la coordination des politiques économiques se trouva institutionnalisée et l'Institut monétaire européen (IME), embryon de la Banque centrale européenne (BCE), créé. Les États furent sommés de ne plus recourir aux déficits au sens large et les banques empêchées d'accorder des découverts au secteur public. Avant le 31 décembre 1998, l'indépendance des banques centrales devait être effective et un nouveau mode de contrôle comprenant cinq critères, dits critères de Maastricht, adopté. Le premier d'entre eux concernait l'inflation et exigeait que, dans chaque pays, elle n'excédât de pas plus de 1,5 % la moyenne des taux relevés dans les trois économies les plus vertueuses de la Communauté. Deux autres visaient à contenir les déficits et dettes publics à respectivement 3 et 60 % du PIB. Quatrième critère : les taux d'intérêt longs enregistrés dans un pays ne devaient pas être supérieurs à la moyenne relevée dans les trois pays les plus performants, moyenne majorée de deux points. Enfin, il importait que le cours de la devise du pays en question n'eût pas connu de remous significatifs sur les marchés de change durant les deux années précédant l'éligibilité à la monnaie unique. Finalement, la troisième phase unifiait la politique monétaire, et rendait les règles budgétaires strictes au point d'être passibles d'injonctions de la part de la Commission. Toutefois, l'État n'arrivant pas à remplir les critères énoncés était en droit de réclamer des aides passagères sous certaines conditions. Enfin, le SEBC devait devenir opérationnel.

À l'aune de ces critères, le Conseil de Bruxelles des 2 et 3 mai 1998 dressa la liste des nations éligibles. Onze sur quinze le furent. Quatre restèrent hors-jeu, la Grèce pour irrespect des critères, la Grande-Bretagne, le Danemark, la Suède par volonté nationale. Puis, la Grèce ayant fait amende honorable ou du moins c'est ce qu'on a cru ou voulu croire, l'Euro Onze se transforma en Euro Douze, rebaptisé Euro groupe. Le 1er janvier 1999, l'écu devint *euro* au taux d'un contre un, sa parité étant définitivement arrêtée à 6,55957 francs. L'euro fiduciaire entra dans la poche des citoyens de l'Union le 1er janvier 2002.

Peu ont l'honnêteté de mentionner que l'accouchement s'est produit sans la moindre anicroche, même si, dans la phase périnatale, soit de janvier 2001 au printemps 2003, on a pu craindre quelques affres dont les nouveau-nés sont coutumiers. Mais dans cette Europe dont la terre fut labourée par de sanglants conflits depuis la nuit des temps, il y avait là un formidable signe d'espoir.

LE TEMPS DE L'APPRENTISSAGE OU CELUI DE L'ENFANCE

Débuta alors le temps de l'enfance, parsemé de fièvres, d'hésitations et de chutes, mais aussi brodé de découvertes, d'initiations et d'enhardissements.

Le pacte de stabilité et de croissance

La signature d'un pacte de stabilité et de croissance actée lors du Traité d'Amsterdam ne peut être occultée, ne serait-ce que parce qu'une fois l'éligibilité à la monnaie unique acquise, on était en droit de craindre le retour au laxisme, notamment budgétaire. Ce pacte contenait deux dispositions propres à le conjurer. Dans la lignée du Traité de Maastricht, la première consolidait les procédures de surveillance multilatérale des politiques économiques grâce à la publication, dès 1999, de projections trisannuelles glissantes de dépenses et de recettes budgétaires. Le Conseil se réservait aussi le droit d'émettre des observations et de formuler des recommandations aux États qui s'en écartaient de trop. Ce double souci de contrôle et de transparence était méritoire à l'heure où l'interdépendance des économies s'intensifiait. La seconde disposition traitait des déficits budgétaires excessifs. Dès lors que, hors circonstances exceptionnelles non décriées de types conflit armé ou récession avérée (- 0,75 % de l'activité), un pays de la zone euro enregistrait un déficit public excédant 3 % de son PIB, une mise en demeure lui était adressée par le Conseil, accompagnée d'une astreinte de dépôt non rémunéré variant de 0,2 à 0,5 % de son PIB, dépôt converti en pénalité si aucune correction significative n'intervenait avant deux ans. La crédibilité de ce dispositif restait pourtant discutable parce que, d'un côté, l'appréciation du déficit était tout sauf stricte, et que, de l'autre, par le jeu d'alliances plus ou moins subtiles, il y avait tout lieu de croire qu'un État puni aurait la mémoire longue ! Du reste, la décision du Conseil de ne pas épingler l'Allemagne dès 2002 illustra cette prudence.

Infractions et assouplissements

Étant donné que les enfreintes aux limites imparties se sont multipliées depuis lors, singulièrement en matière de déficits et d'endettements publics, il fallait réagir. Tandis que les institutions européennes clamaient haut et fort leur attachement à la lettre du pacte, les gouvernements, et non des moindres, s'en émancipaient de façon ouverte, arguant tantôt de la rigidité des normes, tantôt de la mollesse de la croissance (0,2 à 0,3 %). À la fin, la France et l'Allemagne ont réussi à imposer un infléchissement, l'aide prenant le pas sur la punition. Sans changer les règles, l'appréciation devenait d'autant plus souple que le pays contrevenant réalisait un effort en matière d'investissements, de recherche, de défense, de désendettement public, d'assistance aux pays pauvres ou de réformes structurelles, pourvu que le dépassement ne fût pas excessif (autour de 3,3 %). Tels furent en gros les *facteurs pertinents* auxquels les institutions se référaient pour juger d'une situation. En juillet 2005, le gouvernement italien fut le premier à profiter de cet assouplissement de la discipline afin d'engager un assainissement durable de ses comptes. La France et l'Allemagne ont aussi bénéficié de la clémence de la Commission, cette dernière ayant renoncé à rouvrir à leur encontre la procédure qui avait été suspendue provisoirement. Des arguments aussi lourds que l'atonie conjoncturelle, le vieillissement des populations et la poussée des besoins de financement public ont joué en leur faveur. Notons que les finances publiques britannique, italienne, grecque, portugaise et hongroise ont présenté en 2005 un solde encore plus dégradé que celui des deux pays précités[19]… Puis, en juillet 2007, alors qu'il était interpellé par les ministres des finances de la zone euro sur la situation budgétaire de notre pays, le président de la République

[19] Et on sait ce qu'il est advenu de la plupart d'entre elles depuis lors !

s'engagea à ce que notre déficit public se resserre à 2,4 % en 2007 - ce qui, au final, ne fut pas le cas -, si possible encore à moins en 2008, étant entendu que l'équilibre devait être atteint en 2012. Les mesures de relance prises suite au choc de 2008 empêchèrent la réalisation de ces objectifs. En effet, en novembre de cette année-là, il a été décidé l'injection de 130 milliards d'euros pour sortir l'économie européenne de sa léthargie. Sous réserve que ces stimulations fussent ciblées et temporaires, la Commission suspendit les clauses du pacte de stabilité jusqu'en 2011, fait qui ne devait pas dissuader les États d'assainir leur situation budgétaire.

Par-delà ces phases, évoquons principes et modalités de fonctionnement.

Principes et modalités

Le premier principe, capital, est celui de l'indépendance, car ni la BCE, ni une banque centrale nationale, encore moins un membre des organes de direction du SEBC ne peuvent obéir à des injonctions, d'où qu'elles proviennent. Chacun des membres dispose d'un mandat de huit ans, irrévocable, mais non renouvelable. La nature des relations entretenues avec les institutions communautaires met en exergue le second principe, tout aussi primordial : avec le Conseil et Ecofin[20], il est entériné que le président du Conseil européen participe aux réunions du Conseil des gouverneurs de la BCE sans voix délibérative et, à titre de réciprocité, qu'un haut représentant de la BCE soit invité aux réunions du Conseil traitant du SEBC. De même, des délégués de la BCE et des banques centrales assistent aux réunions préparatoires d'Ecofin et, parfois, à celles de

[20] Ecofin est, rappelons-le, l'instance réunissant le Conseil des ministres de l'économie et des finances.

l'Euro groupe[21]. Il est en outre prévu qu'un commissaire prenne part aux réunions du Conseil des gouverneurs, sans participer aux votes, cela va de soi. Enfin, des rapports annuels, des études et des recueils de mesures monétaires prises par le passé sont présentés aux parlements européen et nationaux tandis que, périodiquement, la BCE expose ses vues sur la stabilité des prix et accède aux demandes d'auditions émanant des parlements nationaux. Car c'est bien la *stabilité des prix*, condition d'une croissance durable, qui demeure l'objectif prioritaire. À l'article 2 des statuts de la BCE qui est une reprise quasi intégrale d'un alinéa de l'article 3a du Traité de Maastricht, il est dûment consigné que *« l'objectif est de maintenir la stabilité des prix et, sous préjudice de cet objectif, de soutenir les politiques économiques générales de la Communauté »*[22]. Le but recherché est sans conteste la stabilité des prix. Pour l'obtenir, le SEBC se doit d'agir conformément aux principes d'une économie de marché ouverte dans laquelle la concurrence est de mise et l'allocation des ressources efficiente. Dès octobre 1998, le Conseil des gouverneurs apporta une précision salutaire : la stabilité est atteinte quand, sur un an, l'indice harmonisé des prix à la consommation n'excède pas 2 % dans la zone euro, sachant que les évolutions de prix sont appréciées en perspective à partir d'une batterie d'indicateurs. Pour maîtriser les prix, un objectif intermédiaire, en l'espèce l'agrégat M3H (H pour Harmonisé), est désigné. Les inconvénients liés à sa volatilité et à ses imprécisions seront compensés par sa

---

[21] L'Euro groupe réunit les *seuls* ministres de l'économie et des finances des pays de la zone euro.

[22] La question concernant une implication de la BCE en matière de croissance et d'emploi reste d'actualité. À l'inverse, aux États-Unis, les statuts de la banque centrale (*la Fed*) l'impliquent en ces matières.

facilité d'évaluation et sa bonne compatibilité avec les données des marchés.

Les modalités d'application ressortissent à la responsabilité partagée de la BCE et des banques centrales. Le Conseil des gouverneurs orchestre la politique monétaire : ses décisions s'imposent si bien que ce sont les banques centrales qui les transposent dans les faits et en défendent le bien-fondé ; voilà pourquoi chaque gouverneur siège ès qualités, et non pas en tant que défenseur d'intérêts nationaux. Au fil du temps, la coopération étroite entre les divers Instituts d'émission et le SEBC s'approfondit grâce à la mise en place de comités spécialisés : comité des billets, comité des opérations de marché, comité de statistiques, comité de surveillance bancaire... Les moyens à disposition étaient juridiques, la BCE disposant du pouvoir de transcrire ses décisions en règlements, d'émettre des recommandations et des avis, d'infliger astreintes et amendes, voire de donner des instructions à des échelons inférieurs à ceux des banques centrales. Les moyens financiers furent ventilés selon une clé de répartition spécifique, cependant que les moyens humains restèrent non négligeables puisqu'en 2019 ce ne sont pas moins de 2 350 personnes qui travaillent au siège, à Francfort, et qui sont affectées à seize directions, huit générales et huit spécifiques. Les moyens techniques sont également multiples : *les opérations d'open market* - principales de refinancement quand elles alimentent les marchés en liquidités, de réglage financier lorsqu'elles nivellent la liquidité bancaire suite à une perturbation transitoire, ou encore structurelles quand la position du secteur financier exige une intervention durable -, *les facilités permanentes* - complexes par nature et répondant à diverses finalités relevant du court terme -, et *les réserves obligatoires* - abondant la demande de monnaie banque centrale et dont les montants découlent de l'application de taux différenciés sur des assiettes de dépôts, de titres ou de créances.

Bien sûr, le SEBC conserve toute latitude pour offrir son concours à des pays désireux de prendre des mesures générales ou des dispositions particulières visant à améliorer la cohésion sociale ou à hisser le niveau de vie. Les missions qui lui sont imparties sont la conception de la politique monétaire, la conduite des opérations de change, le stockage des réserves officielles et la promotion du système de paiements. D'autres, d'importance moindre, englobent l'émission des billets et des pièces, la concertation en matière de contrôle bancaire, la collecte des informations statistiques…

Achevons cette description des modalités de gestion en dépeignant celles qui régissent le change dans l'Union. D'essence anti-inflationniste, elles consistent dans la quête d'un cours garant d'importations à prix modérés. D'où des responsabilités morcelées et des régimes de change modulés. En la matière, trois instances sont compétentes. Le Conseil européen arrête le régime de changes liant l'euro aux autres monnaies ; il le peut et le fait en vertu de l'article 109-1 du Traité de Maastricht qui l'y autorise *« sur recommandation de la Banque centrale européenne ou de la Commission, en vue de parvenir à un consensus compatible avec l'objectif de stabilité des prix »*. L'alinéa second est encore plus explicite : *« en l'absence d'un système de taux de change vis-à-vis d'une ou de plusieurs monnaies non communautaires, le Conseil, soit après consultation de la Banque centrale européenne, soit sur recommandation de la Banque centrale européenne, peut formuler des orientations générales de politique de change vis-à-vis de ces monnaies. Ces orientations n'affectent pas l'objectif principal du système européen de banques centrales, à savoir le maintien de la stabilité des prix »*. La BCE, autre instance responsable, gère les avoirs officiels de change et signifie des modes d'emploi aux banques centrales afin de préserver la cohérence de la politique de change de la zone euro. Ecofin applique les impulsions que décide le Conseil européen, alors que l'Euro groupe assure la supervision de la politique de change. Pour terminer, signalons qu'il existe un régime qui s'applique aux pays de l'Union hors de la zone euro, dénommé mécanisme de change n° 2 (MC2) ou encore SME bis. Son fonctionnement instaure un régime dérogatoire qui permet à la BCE de donner son avis sur la fixation et le changement de parité de la couronne danoise, tandis qu'au regard de la livre britannique et de la couronne suédoise, Ecofin, conformément aux préconisations de la Commission et de la BCE, règle la politique du change et indique les ajustements jugés nécessaires. Comme pour les pays hors Union européenne, la loi du marché prévaut : la référence reste le dollar, non l'euro. La parité euro/dollar joue un rôle éminent dans les relations entretenues avec les nations qui n'appartiennent pas à l'Union. Il n'existe pas, à proprement parler, de stratégie de change avec la zone dollar pas plus qu'avec la zone yen, puisque tant le billet vert que la devise nipponne fluctuent librement de sorte que, là aussi, la loi du marché forme l'unique point d'ancrage.

LE TEMPS DU MURISSEMENT OU CELUI DE L'ADOLESCENCE

À partir du moment où l'euro savait… marcher, il lui fallait encore apprendre à se défendre, parce que tout départ dans la vie en dépend. Car si l'adolescence s'accompagne de crises du même nom, de velléités de rebellions et de persévérances dans l'entêtement, elle achève la croissance en soudant les os et, le plus souvent, tonifie la volonté en forgeant le caractère.

Il est vrai que le climat économique et monétaire n'a pas laissé d'inquiéter.

Maux récurrents

À la secousse des *subprimes* qui a favorisé l'appréciation de l'euro a succédé un ébranlement de sa zone dont, à son tour, la devise américaine a tiré profit. Avec un déficit et un endettement publics massifs et une production en recul plusieurs années consécutives, une économie souterraine dont le chiffre d'affaires est estimé à plus d'un cinquième de sa production - fait qui plombe ses rentrées fiscales -, l'économie grecque s'est trouvée au bord du gouffre. Pour éviter qu'elle ne s'y précipitât, une planche de salut avait été trouvée : l'emprunt, *i.e.* l'enlisement dans la dette détenue en majorité par des non-résidents parmi lesquels des institutions françaises et allemandes qui se sont trouvées en proie au risque de défaut. De concert, d'autres pays de la zone euro - le Portugal, l'Irlande, l'Espagne, l'Italie et Chypre - ont été fragilisés par un endettement conséquent, un chômage excessif, des déficits publics et commerciaux récurrents, un repli du secteur immobilier, naguère si entraînant. Selon les agences de notation qui restaient à l'affût du moindre dérapage, de vigoureux plans d'austérité formèrent la seule issue acceptable. Voilà qui explique le recul d'environ un sixième du taux de change de l'euro contre dollar entre novembre 2008 et mai 2009, repli auquel l'« attitude casino » de nombre de fonds spéculatifs américains est loin d'être étrangère. L'octroi par les grands pays européens de prêts bilatéraux à la Grèce (110 milliards en mai 2010, 165 milliards en février 2012 simultanément à un effacement de dettes envers des créanciers privés, 85 milliards en juillet 2015), à l'Irlande (85M) en novembre 2010 en faveur de l'État (50M) et des banques (35M), au Portugal (78M en mai 2011), à l'Espagne (31M pour restructurer le secteur bancaire en juin 2012) et à Chypre (10M en mars 2013), prêts bilatéraux abondés de crédits du FMI et soumis à des engagements d'assainissement[23], a temporairement cautérisé l'hémorragie, tandis que les mécanismes d'aide financière[24] doublés du rachat de dettes privées et d'État par la BCE[25] ont éloigné l'idée d'une dislocation de la zone euro sans pour autant éradiquer les craintes que suscitaient la langueur de sa croissance et ses insuffisances de gouvernance économique.

Deux leçons affleurent : 1/ l'orthodoxie financière qui l'avait emporté dans un premier temps et qui s'est trouvée mise à mal par la monétisation des dettes publiques est revenue sur le devant de la scène ; 2/ quoique vivement chahuté, l'euro ne s'est pas effondré, comme d'aucuns se plaisaient à le prédire. Une crise de… croissance en somme !

Thérapies diversifiées

Outre celles touchant les finances publiques antérieurement évoquées, plusieurs décisions ont été arrêtées, non sans écueil. En janvier 2011, l'Union a institué un *Système européen de surveillance financière*. Composé d'un Comité du risque systémique et des trois autorités

---

[23] Hausses d'impôts, compression des dépenses et des effectifs publics, report de l'âge de la retraite, réductions des rémunérations des agents de l'État et des pensions de ses retraités, coupes dans les prestations sociales…les ont caractérisés.

[24] Ces mécanismes décrits dans les lignes qui suivent ont reçu l'appui du FMI qui a accordé en fonction des apports des États membres 250 Mds de crédits aux pays en ayant fait la demande.

[25] Cette faculté de rachat matérialise ce que les spécialistes désignent par les « *Outright monetary transactions* » mis en place par la BCE le 6 septembre 2012.

européennes de surveillance financière[26], il a vocation à travailler en étroite liaison avec les autorités nationales de surveillance afin de renforcer l'efficacité d'ensemble. Un peu avant, en décembre 2010, toujours dans un esprit de renforcement de la coopération, avaient été créés à la fois le *Mécanisme européen de stabilité financière* (MESF) et le *Fonds européen de stabilité financière* (FESF). Le premier, appelé *Fonds de soutien*, s'adressait à tous les pays de l'Union ; il était placé sous l'autorité de la Commission et pouvait emprunter sur les marchés jusqu'à concurrence de 60 milliards pour prêter aux États en difficultés. Le second qui ne concernait que les seuls États de la zone euro était habilité à lever des fonds à concurrence de 440 milliards. L'aide prévue aux États qui en émettaient le souhait ne devait être accordée que *« si cela s'avérait indispensable pour assurer la stabilité de la zone euro dans son ensemble »*. Plus techniquement, un État était invité à restructurer sa dette si son niveau était jugé insoutenable ; en cas de crise de solvabilité, survenaient des pertes en capital (*hair cut*s dans le jargon des spécialistes) ; enfin, si se déclenchait une crise de liquidités, les investisseurs devaient maintenir leur exposition et/ou s'engager à continuer de financer l'État en difficulté. Cela prenait une signification particulière pour notre pays parce que nos banques détenaient, en valeur absolue et non en rapport à la taille de leur bilan, le stock le plus important de créances publiques et privées portant sur des économies fragiles. En juillet 2012, ces deux mécanismes se fondirent en un seul, le *Mécanisme européen de stabilité* (MES), inséré dans le *Pacte budgétaire européen* signé en mars sous le nom de *Traité sur la stabilité, la coordination et la gouvernance* ; il ne s'applique qu'à vingt-cinq États, vu que le Royaume-

---

[26] Chacune d'entre elles étant spécialisée dans le domaine bancaire, dans celui des assurances ou encore dans celui des valeurs mobilières.

Uni et la République Tchèque[27] s'en sont volontairement exclus. Doté de 700 milliards, dont une large part se trouve épuisée par la succession des plans d'aide octroyés, il est officiellement entré en vigueur le 1er janvier 2013. Ne peuvent en bénéficier que les pays en ayant déjà ratifié les dispositions à cette date. Ce mécanisme est devenu pérenne vu que celles-ci sont intégrées dans le Traité de Lisbonne.

Fin juin 2012, lors de la tenue du sommet européen, plusieurs décisions-phares[28] ont été arrêtées qui devaient pour la plupart se concrétiser début 2013 : taxation des transactions financières[29] ; recapitalisation des banques par un recours direct au Mécanisme européen de stabilité (MES) afin de les empêcher de prêter aux États, et donc d'alourdir l'endettement de ces derniers ; en contrepartie, instauration d'une supervision unique des banques à laquelle la BCE sera d'évidence associée pour déjouer l'occultation de situations douteuses par des autorités nationales. Cette supervision forme le cœur de ce qu'il est convenu d'appeler *l'union bancaire*. De façon plus détaillée, cette union comprend trois dispositifs. Le premier touche le Mécanisme de supervision unique (MSU) qui confère à la BCE à compter du 4 novembre 2014 la charge de la surveillance prudentielle du système bancaire, soit directement pour les établissements réputés importants, soit indirectement au travers des banques centrales nationales - mais sous le contrôle et dans un cadre défini par la BCE - pour ceux qui le sont moins. Le deuxième consiste en un Mécanisme de résolution unique (MRU) dont l'objet est,

---

[27] Ces deux pays - hors Brexit bien sûr - pourront, s'ils en émettent le désir, le ratifier ultérieurement.

[28] Elles l'ont été en concomitance d'un pacte de croissance de 120 milliards d'euros cofinancé par la Banque européenne d'investissements, le lancement de projets d'avenir et la réaffectation de fonds structurels.

[29] Tant les divergences de vue entre États que les difficultés de mise en œuvre en ont retardé l'application.

par l'intermédiaire d'un Conseil et la création d'un Fonds[30], de faire face aux défaillances bancaires, soit par liquidation, soit par recapitalisation, étant entendu qu'en ce dernier cas les actionnaires, les créanciers par ordre de séniorité, puis les déposants seront appelés les uns après les autres avant que de se tourner vers l'État : bref, le renflouement interne (*bail in*) prend le pas sur le renflouement externe (*bail out*). Le troisième qui n'est pas définitivement acté doit instituer un système unique de garantie à concurrence de 100 000 € de dépôts. Tout considéré, ces trois dispositifs participent d'une philosophie de mutualisation des risques.

Qu'on l'approuve ou la réprouve, l'arrivée de l'euro a couronné bien des efforts d'unification et a isolé l'Europe de plus d'un méfait de la globalisation en lui épargnant les traumatismes des réalignements monétaires passés. Sceau palpable de l'Union économique et monétaire, l'euro forme désormais un vecteur de solidarité et de mutualisation des stratégies. Il prouve que, pour peu qu'elle le désire, l'Europe est capable de mener à bien un projet d'envergure, que l'économie planétaire connaisse l'accalmie ou essuie des bourrasques[31]. « *L'enfant prématuré et chétif* » que voyait dans l'euro naissant le chancelier allemand Gerhard Schröder devenait un adolescent vigoureux[32]. Cela étant, si, à vingt ans, la robustesse est apanage et l'avenir puits de promesses, la sagesse doit poindre. Car à l'âge où on croit la dominer, la vie livre son lot de surprises, pas forcément filles de la fortune.

---

[30] Ce fonds, abondé progressivement par les banques, devrait être doté de 55 milliards d'euros en 2023.

[31] Suite à leurs efforts, notables, les pays aidés ne se sont-ils pas tous extraits de la tutelle de la Troïka ?

[32] Propos rapporté par Jean Quatremer dans son ouvrage intitulé « *Il faut achever l'euro* », éd. Calmann-Lévy, 2019.

LE TEMPS DE L'ENVOL OU CELUI DE LA MATURITÉ

Avec la maturité, trois obligations surgissent : accepter de prêter le flanc à la critique, savoir gérer le quotidien et ne pas omettre de penser à demain.

Réponses aux critiques

Les critiques n'ont pas épargné l'avènement de la monnaie unique. *La perte du change* comme outil de politique économique en fut une, passant sous silence la stabilité induite *de facto* dans le négoce intracommunautaire - deux tiers du commerce extérieur de l'Union ! - ainsi que les économies de frais de change et de couverture de change ; assurément, l'euro a protégé les intérêts de l'Union. *Son cours trop élevé* fut également objecté[33], notamment en termes d'impacts sur les balances externes. Songeons un instant à l'érosion qui affecterait la valeur de la drachme, de l'escudo, de la peseta, de la lire, de la livre chypriote, voire du franc français si, fût-ce temporairement, l'euro devait être abandonné par les pays qui en étaient les émetteurs : aux hypothétiques gains de parts de marché à court terme alléguées, s'opposerait à la longue la flambée certaine de leur endettement qui, lui, a été et restera libellé en euro[34]. Méditons aussi la manière dont l'économie allemande gérerait sa compétitivité avec un mark flamboyant sur le long terme. Imaginons ce qu'adviendraient, sans l'euro, les négociations dans des

---

[33] Quand ce ne fut pas son cours trop…faible !

[34] D'aucuns se prévalent de la fameuse *lex monetae*, selon laquelle un pays pourrait s'octroyer le droit de libeller son ancien endettement en monnaie nationale retrouvée. C'est ni plus ni moins que se voiler la face concernant les difficultés institutionnelles et juridiques auxquelles il se heurterait, car ce principe revient à reconnaître que les créanciers accepteraient d'être floués !

cénacles internationaux, tel celui du G20. Face à l'hégémonie américaine et à la déresponsabilisation sino-nipponne, ayons claire conscience que l'euro apporte au monde le point d'ancrage monétaire dont il a besoin : si le sterling a présidé aux destinées de la planète sous le règne victorien et si le dollar les a régentées au siècle suivant, le maintien d'une seule superpuissance monétaire contreviendrait à la multipolarité de la donne actuelle. En outre, quid de l'inflation importée qui s'ensuivrait, ne serait-ce qu'en matière énergétique ? Ce n'est pas une révolte qui se serait produite en France à l'automne 2018[35], mais bien une révolution ! Cette réflexion permet de parer à une troisième critique, celle touchant *les hausses de prix*, les détracteurs de l'euro n'ayant de cesse de répéter que l'euro est d'essence inflationniste. C'est oublier que, nonobstant le fait que certains acteurs ont pu faire valser des étiquettes en 2002, les prix ont davantage monté sous la pression d'événements exogènes, événements dont l'incidence eût été incontestablement plus accentuée en présence de devises nationales ; ainsi, l'inflation sous-jacente, i.e. hors énergie, n'a-t-elle progressé que d'un peu plus d'un point l'an depuis cinq ans. Mais il est vrai que l'« *inflation ressentie* » tient plus en compte les hausses, fussent-elles modérées, des prix des biens de consommation courante que des baisses, fussent-elles conséquentes, des biens, liées aux nouvelles technologies par exemple. Une plus grande fréquence d'achat l'explique. Par ailleurs, force est aussi de constater que la part des dépenses obligées - impôts et taxes, loyers et charges, transport et éducation… - est, de nos jours, nettement plus importante dans le budget des ménages que naguère[36] : d'où des récriminations dans la mesure où le revenu disponible s'en trouve comprimé d'autant. Enfin, sur une rétrospective plus longue, de bien

[35] Allusion est ici faite au mouvement des « *gilets jaunes* ».
[36] 31% contre seulement 16% il y a vingt ans !

mauvaise foi serait celui qui n'admettrait pas que, depuis vingt ans, rares ont été les années où l'inflation a dépassé (légèrement) 2 %[37]. Que dire, en regard, des tensions inflationnistes durant les décennies antérieures, i.e. quand les devises nationales avaient cours ? Silences... assourdissants de la part des procureurs de l'euro ! Restait la plus terrible des malédictions : *l'euro ne pouvait qu'être condamné*. De sorte qu'une cohorte d'économistes plutôt situés aux extrêmes de l'échiquier politique, s'alliant entre eux sans la moindre vergogne, prédirent le pire augure, enhardis qu'ils furent par les prises de position de prix Nobel d'économie aussi bien libéraux que keynésiens[38] qui ne misaient pas un... kopek sur son avenir. C'était sous-estimer la capacité de résilience de l'euro, parce que la Banque centrale européenne étendit, de son propre chef, ses prérogatives de la stabilité des prix à la stabilité financière de la zone tout entière en forgeant des outils adéquats. Et c'est cette stabilité retrouvée qui a favorisé la prospérité du marché unique.

Réalités avérées

En deuxième lieu, notre devise relate une réalité quotidienne vécue par trois cents cinquante millions de personnes dont les habitants de Slovénie (2007), de Malte et de Chypre (2008), de Slovaquie (2009), de l'Estonie (2011), de Lettonie (2014), de Lituanie (2015) et bientôt du Monténégro, pays qui n'est même pas membre de l'Union ! Sans oublier ceux qui résident en Bosnie-Herzégovine ou en Bulgarie, nations dont les monnaies lui sont liées par un régime de *currency board* qui contraint à couvrir intégralement leur émission monétaire par des réserves

---

[37] En fait quatre : 2003, 2004, 2008 et 2011.

[38] Milton Friedman dès avant sa naissance, Paul Krugman et Joseph Stiglitz postérieurement.

équivalentes en euro. En outre, ce dernier est au cœur d'une aire monétaire d'influence mondiale : tant en Afrique de l'Ouest qu'en Afrique centrale, il est rigidement lié à la monnaie circulante sur la base d'un euro pour 656 francs CFA et de 119 francs CFP dans les territoires d'outre-mer ; de surcroît, il gonfle les réserves de change de nombreux pays, dont la Chine et le Qatar qui s'en targuent ouvertement. Quant aux pays de l'Union qui lui restent réfractaires, leurs intérêts bien compris ne tarderont pas à leur dicter que l'aventure qui débute dépasse, et de loin, les seuls profits que gage une simple zone de libre-échange. Par ailleurs, *au plan transactionnel*, retenons que, d'une part, près des deux tiers des exportations de l'Euroland sont facturés en euro et que, de l'autre, plus d'un pays sur quatre du globe utilise couramment notre devise comme unité de facturation de ses échanges ; sur les *marchés de devises*, l'euro s'est hissé au deuxième rang mondial, certes en retrait par rapport au dollar, mais devançant sans conteste le yen et le sterling ; il doit également être signalé que, dans le total des *émissions obligataires* et pas seulement celles pratiquées par les pays membres de la zone, l'euro rivalise avec le billet vert dans le libellé des titres ; s'agissant des *réserves de changes* enfin, si la part de celui-ci représente les deux tiers du total planétaire, celle de celui-là, après vingt ans d'existence, avoisine désormais le quart ; c'est avouer que sterling, yen, franc suisse et autre yuan sont réduits à la portion congrue. Ajoutons un mot, non en forme de dithyrambe mais de lucidité. L'attractivité présente et à venir de l'euro réside dans le fait que d'autres pays sont candidats à l'entrée dans la zone régie par lui : les adhésions de la Bulgarie, de la Hongrie, de la Roumanie, de la République Tchèque et de la Pologne sont attendues dans un avenir plus ou moins proche. En d'autres termes, étant donné que les déboires de la Grèce ne découragent pas les candidatures, il est loisible de soutenir que l'élargissement de la zone apparaît comme un gage de confiance en l'euro.

Vers demain

Si la maturité procure de la vigueur, elle comporte d'indéniables fragilités. C'est pourquoi, par-delà ces vicissitudes, heureuses ou non, c'est à demain qu'il nous faut regarder. Sans avoir accédé au statut de monnaie refuge, et tel n'était pas le but, l'euro garde un potentiel d'expansion car, en dépit de la prééminence subsistante du dollar et des mouvements erratiques qu'induisent les marchés, il recèle une *influence internationale incontestable* vu le poids des échanges et l'étendue des activités financières de la zone qui l'abrite. Toutefois, si la géographie monétaire planétaire se redessine peu à peu, il serait hâtif de s'affranchir de la monnaie américaine parce que l'histoire enseigne qu'il faut des décennies, voire plus, pour qu'une devise soit reconnue et acceptée en tant qu'instrument de réserve, et qu'en réalité la suprématie du dollar n'est en rien menacée. La puissance de feu et l'unité politique des États-Unis en sont les causes. Bref, il faut conserver la tête froide tout autant que le jugement serein car trois quarts des habitants de la zone euro se sont appropriés leur monnaie, i.e. ne désirent pas s'en défaire[39]. Cela étant, d'autres questions d'importance, toujours irrésolues, subsistent. Tête froide oui, mais ne pas se voiler la face non plus, car des lacunes et des vulnérabilités existent bel et bien, plus du côté budgétaire que monétaire. Évoquons-en ici quelques-unes. D'abord, *la pérennité de la zone euro* n'est-elle pas minée par la coexistence d'excédents budgétaires plantureux de certains pays et de déficits récurrents d'autres ? Sans vouloir faire payer ceux

---

[39] Sans faire état des coûts financier et politique qu'impliquerait une telle dissolution…

qui sont soucieux d'une bonne gestion des deniers publics pour ceux qui n'en ont cure, il serait judicieux de canaliser les surplus vers des investissements pertinents. De surcroît, la consolidation de la zone euro commande de *finaliser l'union bancaire* en gravant dans le marbre la garantie des dépôts, fait toujours inaccompli à cette heure. Par ailleurs, des *progrès dans les domaines budgétaire et fiscal s'imposent*, le vis-à-vis entre une politique monétaire européenne et des politiques budgétaires nationales n'étant pas tenable à terme ; aussi, le renforcement de l'harmonisation fiscale, la constitution d'un budget ciblé dans la zone euro et, surtout, le déclassement de la fiscalité de l'unanimité à la majorité qualifiée[40] paraissent autant de pistes prometteuses. Bref, si un pas en direction de plus de fédéralisme budgétaire doit être réalisé, il ne peut l'être que sous un contrôle démocratique et non par un seul assentiment intergouvernemental. Constitutionnalistes, hommes politiques et économistes doivent être consultés sans tarder sur les voies et moyens à emprunter, parce que des questionnements aussi importants que le rééquilibrage du poids des nations dans les institutions communautaires, la mutualisation des emprunts ou, mieux encore, la nouvelle forme de gouvernance que la zone devrait faire sienne forment autant d'enjeux conséquents. Car, en définitive, il ne faut pas se leurrer : la zone euro a encore besoin de consolidation.

Non qu'il se transmute en monnaie phare du monde, l'euro est une monnaie fiable, et doit le rester. L'économique, très présent, et le politique, souvent timoré, devraient s'en mieux s'imprégner. Signe monétaire neuf approuvé par les peuples, symbole visible dénué de dogmatisme et fruit d'un dessein au destin prometteur, il éperonne l'intégration économique, accentue la solidarité

---

[40] Fait que nous réclamons avec constance dans notre ouvrage, « *L'Union européenne en dix leçons* », éd. EdL, 17e éd., 2020.

financière, instigue une plus forte union politique d'États souverains et se doit de hâter l'essor d'une Europe sociale qui fait cruellement défaut. Bref, il est l'embryon d'une identité européenne.

Pour peu qu'elle le veuille, i.e. quand elle initie coordination et convergence, l'Union a l'aptitude d'enclencher une recomposition souhaitable du système monétaire international ; de fait, l'euro participe à l'édification d'un nouvel ordre mondial et ce, de façon salutaire.

Suite aux attitudes infantiles ayant incité les pays à transgresser les règles, aux réflexes d'adolescents que légitimait une aura croissante, et aux questions qu'engendre l'âge adulte, force est d'admettre que l'euro, en vingt ans, est devenu la deuxième monnaie du monde. Ce positionnement, loin de signer un échec, atteste un succès aussi éclatant qu'indéniable.

CHAPITRE 6

PAR-DELÀ L'ÉTAT OU LE MARCHÉ[41]

Dans ce monde tourmenté, l'enjeu de la gouvernance est de tout premier plan. De fait, une analyse de l'assignation des rôles dévolus à l'État et au marché s'impose. Référons-nous donc à l'histoire, en en rappelant temps forts et réflexions inhérents.

Au commencement était le marché. Ésaü, rapporte le Genèse, céda ses droits d'aînesse à son frère Jacob contre un quignon de pain et une assiettée de potage de lentilles. Un troc entre des biens et un service marchand s'accomplit dans l'instant. Il réitérait celui auquel sa lointaine aïeule avait procédé en acceptant un fruit contre un service non marchand autrement prometteur, celui de l'accès au savoir. Les effets de ses actes furent à la fois agréables - sensation de satiété ou de délectation -, répréhensibles - suppression d'un droit ou transgression d'un interdit -, et funestes – errance du trompeur, éjection du jardin des délices de la gourmande, reptation éternelle du tentateur. Ces allégories attestent un fait : l'échange est aussi vieux que l'humanité. Grâce à leurs messages en effet, on recense un lieu, des agents, des transactions, un équilibre implicite et des séquelles controversables, bref *un marché*.

[41] Plusieurs arguments développés ici sont extraits d'un passage de notre ouvrage intitulé « *Problèmes économiques contemporains* », éd. L'Esprit des Lois, éd. 2017, 14e éd., p.95 et ss.

Le temps passa et les hommes s'aperçurent que la poursuite des seuls intérêts individuels était loin d'épuiser les attentes de la collectivité. Aussi l'idée de s'associer germa-t-elle. En sorte que naquirent des Cités-États qui maillèrent la Mésopotamie ou bordèrent le Nil cependant que, au loin, des Cités-Palais virent le jour le long de l'Indus et sur les rives du Fleuve jaune. Plusieurs caractéristiques les faisaient repérer : un pouvoir politique centralisé, une structure administrative rivée à une réglementation, un réseau juridictionnel codifiant, une concentration militaire magnifiant le héros aussi bien que d'autres traits loin d'être anodins à l'instar d'une prescience de la mort virant à l'obsession, d'une transcendance du divin qu'un physiocrate n'aurait pas niée, d'une prégnance impressionnante de l'art et d'une inextinguible soif de connaissances. L'État vagissait, tout simplement.

Au fil de l'histoire, les périodes de domination et de recul étatique alternèrent. Leur correspondent naturellement des phases de repli ou de suprématie du marché dont le décryptage doit être analytique et non idéologique. À cette double lumière, historique et conceptuelle, une tentative mérite d'être esquissée.

LE « SAMSARA » DE L'ÉTAT

Selon la croyance hindouiste, le « samsara » décrit le cycle de vie, de mort, puis de renaissances successives auquel chaque être humain se trouve confronté.

Et s'il en allait de même pour l'État ?

Le pouvoir central a, de tout temps, imprimé les élans décisifs. Les mouvements ascendants qu'ont connus la Chine unifiée, l'Égypte ptolémaïque, la Grèce hellénistique ou le Haut Empire romain le prouvent. À l'inverse, quand les grandes dynasties se sont entredéchirées dans l'Empire du Milieu, quand les périodes intermédiaires ont été exhumées par les égyptologues, quand la patrie de Périclès s'est romanisée et quand la Cité éternelle s'est étiolée à ses confins comme en son intérieur, alors oui, le pouvoir central s'est replié, s'il n'a, ici ou là, disparu.

De ces lointaines origines à la Renaissance, nombre furent les tentatives de sursaut étatique. Le Code Justinien, les capitulaires carolingiens, l'épopée des Croisés, les bailliages de Philippe Auguste, le gallicanisme du règne de son arrière-arrière-petit-fils, Philippe Le Bel, la consolidation de la royauté menée par Louis XI dont pâtirent et le corps politique et le clergé en sont autant d'illustrations éclatantes. Inversement, le traité de Verdun qui fractionna l'empire de Charlemagne, les invasions magyares et normandes, la querelle des investitures dont l'épilogue se trama à Canossa et celle du sacerdoce et de l'empire qui vit le triomphe des ultramontains, la Magna Carta, les revers militaires, les jacqueries, les débilités fiscales, les schismes religieux et l'indécision de plus d'un prince entamèrent plus ou moins vigoureusement l'autorité de l'État.

La Renaissance, l'Ancien Régime aussi bien que la Révolution érigèrent ensuite l'État en puissance politique et militaire. Dans le royaume de France, le penchant de François 1er pour l'autocratie, l'œuvre de Henri IV ombrée de celle de Sully, l'arrivée aux affaires du cardinal de Richelieu et, plus tard, celle de son protégé, le cardinal de Mazarin, inaugurèrent l'absolutisme que concrétisèrent les fastes du Roi Soleil, la fièvre révolutionnaire, l'omnipotence du Consulat et la pompe de l'Empire. Mais également au-delà de nos frontières, l'immensité à laquelle présida Charles Quint - héritier de quatre maisons princières - que consolida son fils Philippe II en stoppant l'expansion ottomane, l'autorité élisabéthaine ou le diktat de Cromwell, l'élan de la Réforme qui allait profiter au temporel, les grandes découvertes, embryons des horizons coloniaux, l'importance des ports des Provinces-Unies, alias la Hollande, la naissance des États-Unis d'Amérique, et le despotisme éclairé d'un Joseph II en Autriche, d'un Frédéric II en Prusse ou de la Grande Catherine en Russie fournissent autant d'exemples de la montée en puissance du pouvoir central à ces différentes époques. Mais en France, tout comme jadis, des contre-exemples vinrent balloter l'autorité centrale : citons, pêle-mêle, les guerres de religion, les troubles intentions d'un Concini, les errements du Régent Philippe d'Orléans que pointa la banqueroute de Law, la faiblesse de Louis XV et de son petit-fils, le XVIe du nom, dont jouirent leurs entourages à l'aura parfois contestable, les hésitations révolutionnaires, les outrances de la Terreur sans oublier le ciment qu'avait scellé l'esprit revanchard des multiples coalitions contre l'espace napoléonien.

L'histoire suivit son cours. Ainsi la Monarchie de Juillet enfanta-t-elle l'État-Providence, désireuse qu'elle fut d'opérer une répartition plus équitable de richesses devenues plus abondantes. Ainsi le Second Empire fonda-t-il l'État régulateur au motif de venir à bout de l'alarmante récurrence de crises. Ainsi la Troisième République donna-t-elle le jour à l'État-protecteur afin d'adoucir la violence de bourrasques sociales aiguës. Ainsi le XXe siècle vit-il l'éclosion du Tout-État qu'imposait une complexité croissante d'un monde toujours plus imprévisible. Au passage, signalons qu'au plan des idées des courants de pensée favorisèrent cette évolution : un mercantilisme encore vivace, un socialisme divers et innovant, des réactions épidermiques au libéralisme – étatisme, protectionnisme, historicisme… – et plus tard un keynésianisme d'allure providentielle. Tandis que, dans l'attente de lendemains meilleurs, le manifeste de Lippmann, la Société du Mont Pellerin d'Hayek, la praxéologie de Von Mises, l'ordre social de Rueff, le monétarisme de Friedman… attisaient des braises d'où jailliraient de puissants contre-feux.

Aujourd'hui, l'État paraît de retour. Ses interventions répétées dans le secteur financier, ses plans de relance, ses impulsions industrielles – grands emprunts, pactoles pour la recherche, lancement de pôles de compétitivité, fonds stratégique d'investissement pour faciliter des initiatives d'avant-garde… – en témoignent.

De ce déroulement inévitablement elliptique affleure une certitude : les pouvoirs publics ont la plupart du temps participé au lancement des grands projets, quand ils ne les ont pas initiés. Mais, à la longue, en s'immisçant dans leur gestion, ils ont précipité le déclin de plus d'un d'entre eux. Le message est dès lors limpide : une fois les mentalités réformées, les infrastructures achevées et les finalités sociales affichées, le pouvoir central doit s'effacer en déléguant ses responsabilités à des pouvoirs périphériques, mieux informés et plus souples par nature. Impéritie politique et technostructure arbitraire s'estomperont alors.

Bref, tant l'histoire des faits que celle des doctrines apprennent que si l'action de l'État est nécessaire, elle est, en soi, insuffisante.

HEURS ET MALHEURS DU MARCHÉ

Hors le marché point de salut, tel serait, à croire certains, le slogan de la mondialisation.

Le fait que le capitalisme ait relégué le socialisme atteste que le marché alloue les ressources plus efficacement que le plan ; c'est vrai. Il fluidifie les transactions, favorise la transparence et promeut l'essor des économies émergentes ; c'est encore vrai. Il est apte à canaliser à l'échelon mondial des sommes au montant vertigineux ; c'est toujours vrai. En revanche, les risques financiers et politiques qu'il entraîne sont exorbitants : fièvres honteuses, bulles spéculatives, mises à pied brutales, essor anarchique des produits dérivés sans faire état de plus d'une malversation au relent écœurant.

La frontière entre la précaution et la spéculation est devenue ardue à tracer comme l'a montré le vacillement de plus d'un système bancaire. Ce flou générateur de risques systémiques est d'une redoutable dangerosité car il provient de placements volatils et d'endettements colossaux. Sans égrener les déréglementations en cascades et les agissements d'une finance en folie qui ont jeté un trouble supplémentaire. Fluctuations erratiques des taux d'intérêt, yoyo imprévisibles des cours du change, chambardements coûteux de la réglementation du travail, désordres récurrents sur les marchés de matières premières énergétiques et alimentaires sont tous devenus redoutables. Et, au final, vu que cette instabilité est insuffisamment stigmatisée et mollement combattue par les autorités, perce le sentiment que le marché tyrannise la décision publique au point de l'inhiber.

Parce qu'en premier lieu, la finance internationale fait figure de censeur de l'action publique, les gouvernements donnent l'impression de lui céder ou de composer avec elle ; étant donné que tout se passe en temps réel, le moindre écart est sanctionné dans l'instant et le politique paraît capituler face à l'économisme. Parce qu'en plus une profusion de textes - unions, accords, conventions - borne leurs marges de manœuvre quand elle ne les supprime pas, les pouvoirs publics restent cois. Parce qu'au bout du compte, par-delà des aspects purement fonctionnel et juridique, perce une réflexion de fond qui, axée sur le principe de souveraineté, met en exergue la dilution des responsabilités nationales.

Reste qu'en dépit de ses excès, le marché doit être envisagé avec lucidité, surtout sans apriorisme, dans le rôle sociétal qu'il doit remplir. D'un côté, nul doute que dans un climat de liberté il apparaît comme l'outil d'ajustement le plus prompt alors que, de l'autre, la versatilité attenante à cette liberté rend les tentatives de son contrôle aléatoires. Autrement dit, le marché est capable du meilleur - c'est le cas lorsqu'il draine l'épargne vers les pôles en développement - et du pire - quand il transmet en les amplifiant les ondes de choc financières ou réelles. Plus profondément, c'est sa raison d'être qui interroge.

Des origines de l'économie politique à nos jours, rarement concept n'aura fait couler autant d'encre. Porté au pinacle par les libéraux, voué aux gémonies par les marxistes, suspecté par les interventionnistes de tout poil, il a été débattu plus qu'il ne le méritait parce qu'il n'est que le lieu incontournable de l'échange. Myope par essence, il réagit plus qu'il ne provoque, et sanctionne plus qu'il n'indique : c'est en cela qu'il paraît tyrannique. Son prétendu despotisme découle en fait de la conformité à des orientations définies préalablement par les autorités : là réside sa crédibilité. Autrement dit, le marché fonctionne au vu des fondamentaux (croissance, emploi, inflation, comptes budgétaires, équilibres externes...), se forge une opinion, et là de deux choses l'une : soit anticipations et réalisations convergent, et l'accalmie survient ; soit elles divergent, et la spéculation se déchaîne. La vérité est que la sanction provient de ce que ce sont les balises apposées par les décideurs, et non par lui-même, qui se trouvent franchies. C'est reconnaître qu'en dépit de sa réactivité, le marché n'est ni une puissance occulte ourdissant de noirs complots, ni une tutelle immanente dictant le fatum. Il n'est qu'un outil, redoutablement efficace, dont il convient d'apprendre à anticiper les débordements afin de les mieux contenir. À l'heure où la dématérialisation se répand et où les risques d'instabilité prolifèrent, il appartient aux autorités, à l'échelon national comme à d'autres, d'activer une coopération apte à encadrer les transactions les plus sensibles.

Bref, l'analyse économique que confortent les leçons de l'expérience prouve que si le rôle du marché est nécessaire, il est, lui aussi, insuffisant.

EN QUÊTE DE DÉPASSEMENT

Le monde contemporain fourmille de paradoxes : 1/ avec un taux de prélèvements obligatoires oscillant entre un tiers et une moitié de la richesse nationale, les pays capitalistes se socialisent ; 2/ on y met l'État à la diète au motif de surcoûts et d'endettements publics inouïs tandis que, conjointement, on le sollicite à l'envi pour réguler les à-coups de la conjoncture, éteindre les flambées financières, apaiser les tensions sociales, investir dans les secteurs de pointe et étoffer la texture productive en mobilisant des fonds souverains ; 3/ en proie aux exigences de la transition, les économies socialistes n'ont pas d'autre choix que de se libéraliser ; 4/ les pays qui se réclament encore du socialisme - Chine, Vietnam, Cuba... - font la part plus que belle au marché ; 5/ dans les économies émergentes ou en voie de développement, on vante l'initiative en l'instillant et, de concert, on réfléchit à la mise en œuvre titanesque des chantiers de la protection sociale.

Osons une assertion en point d'orgue : si le « Tout État » est dangereux, le « Tout marché » est illusoire.

C'est pourquoi d'aucuns concluent à la complémentarité du marché et de l'État, le premier devant se cantonner à la production et à l'échange, le second s'adonner aux actions contra cycliques et de redistribution. Non sans pertinence, des travaux pionniers avaient été entrepris en ce sens dès après le second conflit mondial sous la plume d'un Röpke ou, au soir des Trente Glorieuses, sous celle d'un Tinbergen. En pratique, l'économie sociale de marché qui fait de l'État le garant de l'ordre concurrentiel s'inscrit également dans cette lignée symbiotique.

Vu ces circonstances, une nouvelle approche s'impose. Elle doit être rivée à une refondation de la gouvernance, à une reconsidération du marché et à un recentrage de la finalité de l'économique.

Refondation de la gouvernance

Du fait des turbulences planétaires, le débat académique s'est déplacé sur le terrain de la gouvernance, d'aucuns louangeant l'État, d'autres encensant le marché. Veillons à ce que ce débat, au reste utile, ne tourne pas au sectarisme. À dessein, commençons par avoir claire conscience que la déficience des coordinations mondiales ne laisse pas d'inquiéter tout observateur instruit du passé. À présent, les missi dominici des organismes internationaux sillonnent le globe pour prescrire çà et là des potions au goût amer, cependant que, trop souvent, les hommes politiques scrutent plus leur avenir électoral que l'horizon du pays qu'ils dirigent. Il s'ensuit automatiquement que les technocrates s'emparent des attribuent que les élus délaissent. C'est malsain, parce que la bureaucratie méconnaît les réalités, anormal parce qu'elle est incapable de décider, coûteux parce que la dépense justifie son existence, enfin dangereux parce qu'elle n'encourt aucune sanction en cas d'insuccès. Aussi, en sus du nécessaire recadrage des missions de l'administration, importe-t-il de modifier le contenu de la politique économique à raison des circonstances : la conception de stratégies attractives, le dépoussiérage de la réglementation et l'essor de l'intelligence économique militent en ce sens. Naguère injonctives, les options se doivent d'être dorénavant incitatives. En résumé, si l'État ne doit pas s'éclipser, ses responsabilités sont à redéfinir et ses actions à refonder. Tel est le préalable à une cybernétique nouvelle, aussi essentielle qu'épineuse : essentielle, car on ne peut confier l'avenir aux seuls marchés ; épineuse, car la mise en réseau des firmes et la cristallisation des économies en blocs rendent obsolètes les interventions traditionnelles.

Reconsidération du marché

Le marché, en deuxième lieu, doit être considéré à l'aune du réel, *i.e.* à un contexte où la fragilisation de l'État Providence n'est pas la moindre des donnes. Qu'elle s'exprime au travers de la solidarité familiale ou des liens intergénérationnels, l'immixtion de la sphère privée dans la protection sociale n'est plus niable. La montée d'une démocratie locale gérée par les citoyens et abondée tant par le secteur privé que par les réseaux associatifs est perceptible dans bien des pays. Par ailleurs, la percée des ONG à l'échelle internationale couplée à la multiplication des structures méso économiques au plan national frayent de nouvelles modalités de gestion qui court-circuitent le marché. Et sa métamorphose ne s'arrête pas là : son immatérialité, sa financiarisation, sa mondialisation, toutes montantes, en brisant la chaîne traditionnelle de valeur et en instituant l'ère du numérique, génèrent des aspirations - protection de l'environnement, commerce équitable - et des pratiques - traitement de l'information, approche des relations humaines - proprement inédites. Nul ne peut en faire fi.

C'est pourquoi, et c'est là le troisième et dernier point, la finalité de l'économique doit être recentrée.

Recentrage de la finalité de l'économique

Les idéologies ne sont que de vieilles lunes, les abus d'abstractions d'habiles maquillages de vides sidéraux de la pensée, et les hymnes à l'État ou les odes au marché d'inavouables tentatives de réification de l'homme. Aussi devient-il urgent de bâtir un nouvel humanisme, dépouillé de toute gangue doctrinale et résolument tourné vers le progrès. Il lui faut faire davantage confiance à l'homme qu'à l'État pour produire des biens et des services, résoudre les conflits, valoriser les talents, s'adapter au milieu. En cela, il importe qu'il pose un regard lucide sur le cours des choses ; en d'autres termes, il ne s'agit pas de nier l'État, mais de le subordonner à la personne. De surcroît, cet humanisme ne doit pas sacraliser le marché, réalité incontournable de la vie, mais y recourir à raison des besoins. Dans leur course à l'accumulation, capitalisme héroïque et socialisme dogmatique ont, de fait quand ce ne fut pas de droit, broyé la dignité humaine. Là réside leur faute, pis, leur honte, car la dimension de l'homme est autre qu'économique. L'« homme pion » a vécu. Qui s'en plaindra ?

Le projet humaniste s'agence autour de quatre idées : la liberté, la responsabilité, l'autonomie et la dignité[42]. Les libertés de créer et d'entreprendre conditionnent le progrès ; nulle prospérité durable n'existant sans risque, à l'État de garantir les choix. En regard, la révolution humaniste préconise la restauration de la responsabilité individuelle : à chacun de prendre conscience de ses devoirs et de ses droits, puisque l'autodétermination, l'initiative et l'instauration d'un syndicalisme constructif en dérivent. L'autonomie de la personne, en troisième lieu, se situe à la confluence de la liberté et de la responsabilité, car il faut bien saisir que l'assistance, même si elle peut s'imposer, n'est qu'un palliatif, et que seul le défrichement des valeurs intrinsèques garantit l'épanouissement. Quant à la dignité,

---

[42] Nous avons déjà décrit, et loué, ce projet dans un essai intitulé *L'économie de la réussite* (éd. Grasset) paru en 1985. Sans prétention, nous ne le croyons nullement flétri par les ans, bien au contraire !

elle découle du respect d'autrui : partant du principe que tout être est unique, force est de privilégier des destins singuliers, en lieu et place de destinée commune dont l'installation finit par ne profiter qu'à une poignée. Bref, le projet humaniste se veut concret et raisonnable : concret, quand il préconise des actions appropriées à l'actualité au lieu que de s'épuiser à transposer de prétendus modèles de société ; raisonnable, quand il suggère des solutions progressives pour épargner aux sociétés des changements par trop brutaux.

Au total, un État dépouillé de ses apories, un marché apuré de ses excès et une économie centrée sur l'homme, seul projet qui vaille, voilà des balises orientées à demain. Une méditation plus approfondie incline à penser qu'après le *pater familias*, le seigneur, le maître façonnier, l'entrepreneur, puis l'État, c'est l'individu qu'il faudra célébrer, non l'*homo oeconomicus* froid et désincarné, mais bien la personne, pétrie de chair et de sang, unique somme toute. Se tracera alors un sillon prometteur qu'il importera de creuser et de fertiliser.

CHAPITRE 7

REGARDS INTERROGATIFS SUR LES CRYPTOACTIFS

Le préfixe grec « crypto » est, en soi, porteur d'interrogations : synonyme de « caché », implique-t-il qu'une cryptomonnaie se trouverait invisible ou, plus subtilement, qu'elle recélerait quelque inquiétant secret ? Les deux, nous semble-t-il, comme ces lignes tenteront de l'établir. Cela étant, pour appréhender plus finement ce terme futuriste de la néo-finance, il paraît opportun d'interroger le passé. En d'autres termes, les cryptoactifs ont-ils connu des antécédents dans l'histoire monétaire ?

Tôt, l'homme éprouva le besoin de disposer de signes pour rendre les échanges plus aisés. Coquillage - le « cauri » africain -, anneau - le « deben » pharaonique -, pierre - le rai et le fai micronésiens -, plumes ou encore dents de chien… comptèrent parmi les proto-monnaies les plus célèbres. Puis les monnaies métalliques firent leur apparition, la plus ancienne connue à ce jour étant celle frappée par le roi Lygès, en Lydie, en 687 avant Jésus Christ. Façonnées de métaux précieux ou encore d'alliages, elles étaient porteuses d'effigies qui en valorisaient le poids. De plus, mises en concurrence, quoique tel ou tel État cherchât vite à en quérir le monopole à l'instar de Jean le Bon qui créa le franc en 1360, elles étaient convertibles entre elles, et se troquaient les unes en les autres sur des lieux dédiés[43], selon des taux liés à leur poids, lesquels restaient litigieux du fait que leurs détenteurs s'ingéniaient à le rogner afin de tricher au mieux de leurs intérêts. Plus tard, les billets se substituèrent aux pièces, en Chine dès le XIVe siècle et en Angleterre à la fin du XVIIe. Ainsi la monnaie-papier naissait-elle à son tour, lubrifiant les échanges et favorisant l'essor, mais engendrant de pair de graves crises de confiance, telle la banqueroute de Law sous la régence de Philippe d'Orléans ou celle des assignats durant la Révolution, toutes deux causées par une insuffisante couverture métallique. Il faudra attendre 1803 pour que l'édition de la pièce d'or de vingt francs par Napoléon vienne restaurer la confiance : le métal tenait là sa revanche ! Quelques années après, la monnaie scripturale éclora, et inaugura une ère de prospérité sans précédent. Tandis que, en 1971, la décision du président américain Richard Nixon de rendre le dollar inconvertible en or et, vingt-huit ans plus tard, celle des membres de la zone euro d'instituer une monnaie sans aucun lien avec un métal précieux enterrèrent tout adossement métallique. La marche à la dématérialisation franchissait une nouvelle étape que couronnèrent les crypto-monnaies. Soucieux de s'abriter des tornades qui s'abattirent sur les devises traditionnelles lors de la crise du marché américain des prêts hypothécaires, une monnaie numérique, le *bitcoin*[44], fut inventée fin 2008 pour se concrétiser en janvier 2009. L'idée fondatrice était de faire naître une monnaie entièrement dématérialisée, infalsifiable, appartenant à tous, et exempte de toute manipulation par des autorités

---

43 Que l'on songe au Pont au Change, à Paris, à l'ère médiévale.

44 Terme anglais alliant celui de pièce (*coin*) à celui d'une unité d'information binaire (*bit*). Historiquement, il découle à la fois du projet d'*eCash* de David Chaum (1983), du procédé de *Hashcash* (preuve de travail) d'Adam Back (1997), de la *B-money* de Wei Dai (1998) et du *bitgold* de Nick Szabo (2005).

centrales. Son (ses) inventeurs (s)[45] définit (rent) le bitcoin en ces termes : « *un système de monnaie électronique entièrement de personne à personne permettant d'effectuer des paiements en ligne, sans passer par une institution financière* ».

D'où deux questions : comment pareil système fonctionne-t-il et quelles interrogations suggère-t-il ?

LES MODALITÉS DE FONCTIONNEMENT

Désireux d'être indépendants des systèmes bancaires, d'audacieux donneurs d'ordres initièrent des échanges libellés en bitcoins. Aussi doit-on débuter par se demander si le bitcoin est une monnaie. Pour répondre, il convient de rappeler la définition qu'en donnait jadis Aristote - étalon de mesure, instrument d'échange et réserve de valeur - qui reste aujourd'hui valide. À l'instar de toutes les autres cryptomonnaies, le bitcoin ne peut être réputé tel. En effet, il est dénué de cours légal, n'est pas accepté par tous les commerçants et, surtout, n'est aucunement garanti puisque son émission ne dépend d'aucune institution officielle : elle relève d'un algorithme, donc d'un programme informatique codé par une communauté de développeurs.

Avant que de poursuivre, il importe ici de fournir plusieurs précisions. Tout d'abord, quels sont les acteurs ?

Les acteurs

Des mineurs, des utilisateurs, des plates-formes et des développeurs.

[45] On n'a jamais su si le pseudonyme de Satoshi Nakamoto masquait celui d'un développeur ou de plusieurs. Afin de lui rendre hommage, on a donné son nom à la plus petite unité du protocole bitcoin (1 satoshi = 0,00000001 bitcoin).

Les mineurs

En référence aux anciens chercheurs d'or, *les mineurs* - appelés encore *nœuds de réseau* - sont des particuliers ou des sociétés qui, connectés au réseau bitcoin à l'aide de puissants ordinateurs et de logiciels idoines, chiffrent toutes les dix minutes les achats/ventes exprimés en monnaies virtuelles, qui, une fois validés, sont regroupés en blocs. Autrement dit, à la lumière des informations dont ils disposent, ils résolvent (*proof of work*) des problèmes cryptographiques en temps réel[46], tant et si bien que l'individu ou l'organisation qui y parvient en premier fait part du résultat aux autres participants qui les valident à leur tour avant de diffuser l'information à l'ensemble du réseau. Pour ce faire, celui qui a trouvé la solution est rétribué par une faction du montant des opérations validées libellée en monnaie virtuelle. De fait, l'activité de minage (*mining*) est un mécanisme de création monétaire d'autant plus lucratif que le cours de la cryptomonnaie est élevé.

Les utilisateurs

Titulaires d'une adresse unique, de notoriété publique telle celle figurant sur une boîte aux lettres dans le monde réel, les *utilisateurs* sont des intervenants à l'achat comme à la vente, qu'ils soient des particuliers ou des fonds d'investissement, au reste fort enclins à prendre pied sur ces segments. Ils possèdent un portefeuille (*wallet*) à l'aide duquel ils passent leurs ordres ; ce portefeuille peut être sécurisé à des degrés variables, degrés inversement proportionnés à la commodité d'usage, ce qui paraît logique. Donc, pour recevoir un paiement, une adresse électronique composée d'une clé publique et d'une clé

---

[46] La difficulté à résoudre ces preuves sécurise les transactions.

privée de même qu'un portefeuille virtuel sont requis, tandis que, pour effectuer un paiement, il suffit d'être relié à Internet et de disposer d'un appareil pour ce faire.

Les plates-formes

Au nombre de plus d'une centaine et de durée éphémère[47], les *plates-formes* sont les lieux où les monnaies sont converties en crypto-monnaies et réciproquement, moyennant une commission généralement égale à 3 % du montant de la transaction. Pour passer un ordre, il suffit de remplir un formulaire en ligne et d'envoyer une photocopie d'une pièce d'identité ; ainsi, telles des barrières à l'entrée ou à la sortie, ces plates-formes constituent un point de contrôle externe du système, puisqu'un lien y est établi avec des comptes bancaires.

Les développeurs

Les *développeurs* enfin sont les personnes physiques ou morales qui gèrent et étendent des programmes informatiques. Pour se donner une idée de la vitesse d'évolution de ces derniers, seuls dix pour cent des lignes de codage du bitcoin sont encore d'origine…

Comment, en deuxième lieu, se déroulent les opérations ?

Les opérations

Le réseau a pour caractéristique première d'exclure les banques. Bref, l'intermédiation traditionnelle effectuée par

---

[47] Leur infiltration par des *hackers* signe généralement leur arrêt de mort, car leur renommée s'en trouve entamée. Trop d'entre elles conservent par devers-elles les clés privées de leurs clients ; d'où leur vulnérabilité.

un tiers de confiance n'existe plus : voilà qui est neuf ! C'est la technologie de la chaîne de blocs (*blockchain*) qui garantit la validité des opérations. Il faut se représenter cette chaîne comme un continuum de conteneurs numériques dans lesquels sont stockées quantités d'informations, à l'image d'un ensemble de pages d'un livre de comptes tenu non par un serveur, mais par des opérateurs, fait qui lui confère un caractère transparent et décentralisé[48], vu que les pages sont, comme dans un livre, reliées les unes aux autres. Bref, le passé, une fois scellé, reste toujours repérable, exactement comme si on désirait revenir en arrière dans un ouvrage pour combler un oubli ou quérir un fait qui aurait échappé ; mieux encore, un bloc apparaît comme une suite consolidée de transactions effectuées au cours d'un espace-temps donné. Les mouvements de portefeuille à portefeuille, qualifiés de pair à pair, y sont consignés, si bien qu'on y trouve le montant de l'opération, le débit et le crédit des comptes qu'elle affecte. Ces mouvements sont protégés par des procédés cryptographiques[49] qui interdisent toute modification postérieure, parce que les décisions sont entérinées par un consensus qui n'est effectif qu'à partir du moment où chaque unité ou fraction d'unité de bitcoin est retracée depuis son origine ; alors, et alors seulement, comme en matière culinaire, le bloc subit un hachage, ce qui signifie qu'il est transcrit sous forme de *hash*, i.e. d'une suite de nombres et de lettres, chaque *hash* incluant le *hash* du bloc précédent ; dès lors existe un enregistrement encrypté - appelé également empreinte numérique - définitivement rattaché à la chaîne. En outre, si chaque transaction est consultable par tous (*open source*), l'identité des acteurs reste inconnue puisque les

[48] Les spécialistes font état de *registres partagés*.

[49] Pour le bitcoin, il s'agit du SHA256, SHA signifiant *Secure Hash Algorithm*.

détenteurs de portefeuilles utilisent une adresse alphanumérique. En conséquence, la chaîne de blocs n'est pas anonyme, mais plutôt pseudonyme.

En troisième lieu, des crypto-monnaies certes, mais pour quoi faire ?

Les usages

Bien sûr, il est loisible d'acheter des biens et des services chez des fournisseurs qui acceptent ce mode de paiement ici sur Internet, là sur des *Boulevards Bitcoin*, i.e. des rues de grandes villes où les marchands tiennent aussi une comptabilité en monnaie numérique. On peut, aussi, acquérir des bitcoins aux fins de spéculation, tablant sur d'amples et subites fluctuations de cours : sachant qu'un bitcoin ne change de main qu'à peine trois fois par an contre sept à huit fois pour des monnaies locales, force est d'admettre qu'il inclut, de facto, une forte propension spéculative. Enfin, le bitcoin est une voie d'accès à d'autres crypto-monnaies, appelées *altcoins* ou encore crypto-monnaies alternatives, dont la valeur est nettement moindre.

Pour clore cette présentation, livrons quelques chiffres propres à visualiser l'étendue du phénomène crypto-monétaire. À l'été 2019, on dénombrait plus de deux mille crypto-devises, pour une capitalisation mondiale de quelque 330 milliards de dollars. C'est tout sauf beaucoup. Parmi elles, le bitcoin en forme la plus importante, suivie par l'etherum, le ripple, le bitcoincash ou encore le dash. Indubitablement et en quatrième lieu, le système crypto-monétaire présente plus d'un avantage.

Les avantages

À tout le moins, ils sont de quatre ordres.

Les atouts techniques

D'un point de vue *technique,* la cryptographie[50] qui en est l'ADN est la modalité qui assure la validité de l'insertion d'une nouvelle transaction à un bloc, et de l'addition d'un bloc aux précédents ; résultat d'un processus mathématique complexe, elle nécessite des ressources informatiques d'autant plus compliquées que les réseaux s'étendent. Assurément, la chaîne de blocs est une authentique révolution transactionnelle, dans la mesure où elle permet des échanges d'actifs de pair à pair sans validation par un tiers de confiance comme, par exemple, celle d'une banque ou, mieux, celle d'une banque centrale. En termes professionnels, les chambres de compensation n'ont plus lieu d'être. Il y a là, au sens littéral, une véritable disruption des circuits traditionnels.

Les atouts économiques

Sur le plan *économique,* cette innovation suscite de la confiance… sans l'intervention d'un tiers de confiance,

---

50 Techniquement, on utilise des algorithmes relevant de la cryptographie asymétrique. Contrairement à la symétrique dans laquelle une seule clé secrète est connue de tous les participants, deux clés sont alors conçues, l'une, *publique*, à la disposition de tout un chacun, l'autre, *privée*, connue du seul concepteur. La première sert au chiffrement, la seconde au déchiffrement d'un message. En termes plus savants, la clé publique est forgée à partir d'une formulation mathématique rendant quasiment impossible la remontée au message source (*fonction à sens unique*). Toutefois, elle comporte une *brèche*, dénommée clé privée, qui, seule, peut conduire au décodage. Cette double existence permet de se prémunir contre le cassage des codes.

comme au lointain temps du troc, sauf que, là, la sécurité est garantie par l'aval consensuel des acteurs. À cette sécurisation s'ajoute la gratuité des transferts qui ne laisse pas d'inquiéter les banques et les établissements financiers qui, trop souvent, abusent de leur position. Cette inviolabilité des informations et cette amputation des coûts fluidifient et amplifient les échanges. Ainsi, tant l'horodatage des opérations que la réplication des blocs dans l'ensemble des nœuds d'un réseau[51] consolident l'aspect révolutionnaire de la chaîne de blocs.

Les atouts idéologiques

Avec un regard *idéologique*, le consensus vient suppléer le contrôle institutionnel. De quoi éveiller la suspicion de plus d'un banquier central et alerter maints décideurs publics ! À preuve, certains gouvernements songent à taxer le système, d'autres à le réguler, d'autres encore à le nationaliser. Il en sera question plus loin. En tout cas, semblable gesticulation est bien l'aveu que les crypto-monnaies dérangent. À l'instar de ce qui fondait la pensée de Friedrich von Hayek, héraut du libéralisme du siècle passé, la crypto-monnaie ressortit à la sphère privée : son expansion se trouve limitée en vertu de l'absence de création monétaire ex nihilo[52], sa circulation surveillée par un réseau décentralisé, son caractère infalsifiable assuré puisqu'elle est indestructible, sa sécurité garantie vu que pour qu'une cyber attaque réussisse il lui faut corrompre plus de 50 % des participants, fait irréaliste. Pour un peu, les Libertariens triompheraient…

Mais si le paradis, fût-il monétaire, était gagné, cela se saurait. En d'autres termes, les crypto-monnaies ne sont-

[51] Plus de 5000 pour le bitcoin sur la planète.

[52] S'agissant du bitcoin, il est prévu d'en limiter l'émission à 21 millions d'unités en 2140.

elles pas porteuses d'inquiétudes ? Là, il convient de répondre.

LES INQUIÉTUDES SOUS-JACENTES

Également de quatre types, les risques sont inhérents à la technique, à l'économie, à la pseudonymie et à la finance. Ils suscitent des réflexions et, d'aventure, suggèrent des parades.

Les risques liés à la technique

Bugs informatiques et autres dysfonctionnements en ligne sont à citer. Des coupures de courant - surtout dans des pays émergents, gros intervenants sur les crypto-devises en raison d'une production électrique à bon marché -, des failles programmatiques ou des cyber-attaques sont évidemment à craindre. S'il est difficile de résoudre les premières, les secondes peuvent être esquivées en multipliant le nombre de mineurs : plus ils sont nombreux, plus la sécurité est grande, car l'entérinement de toute passation d'ordre dérive, répétons-le, d'une validation consensuelle liée au respect d'un protocole. Il n'empêche que, par le passé, des faillites de plateformes piratées[53] ou victimes d'arnaques par collusion[54] ou percement d'une erreur de codage ont contraint d'accroître la vigilance des intervenants ; plus récemment, les poursuites engagées à l'encontre de la plateforme Bitconnect par une cour fédérale américaine laisse subodorer un scandale de vaste ampleur.

[53] A l'instar de la plateforme japonaise Mt.gox en 2013.
[54] A l'instar de la plateforme Dark Net Sillroad en 2014.

Les risques liés à l'économie

Plusieurs aspects doivent être évoqués.

Premièrement, l'exponentiation du nombre d'opérations doublée d'une complexité informatique croissante ont fait flamber les rémunérations des développeurs et exploser les coûts en énergie des matériels informatiques ; une augmentation des frais de transaction est d'ores et déjà envisageable, augmentation qui gommerait l'un des avantages comparatifs majeurs des monnaies parallèles.

Deuxièmement, l'absence de garantie des dépôts tout comme celle de stabilité des cours ont accentué une volatilité apte à exposer les acteurs à des pertes importantes : l'évolution erratique de la valeur du bitcoin l'atteste. Autrement dit, les crypto-actifs sont d'essence spéculative.

Troisièmement, en l'hypothèse d'une soudaine crise de défiance, les détenteurs de crypto-devises se trouveraient dans l'impossibilité de s'en dessaisir, et le risque de liquidité serait avéré.

Dernièrement, les dangers de rendre les prix instables ou l'activité conjoncturelle en repli au motif de l'absence de régulation paraissent cependant minimes, car la connexité des crypto-monnaies avec les phénomènes réels est faible et la masse des avoirs circulants dérisoire comparée à celle des monnaies authentiques.

Les risques liés à la pseudonymie

Pour ce qui relève de la pseudonymie, elle rend carrément impossible la connaissance de la réalité d'une opération. Hors le fait où un intervenant se trouve clairement identifié, tel un marchand connu pour accepter ce mode de paiement, les opérations laissent le champ libre à des règlements semblables à des pyramides de Ponzi[55] en liaison avec le trafic d'armes, la livraison de drogues, la fabrication de faux documents, la manipulation du change, des dons à des œuvres douteuses, ou encore le blanchiment d'argent[56]. En la matière, il faut toutefois raison garder car, d'une part, les sommes impliquées dans ce genre d'affaires sont de cent à deux cents fois moins importantes que celles qui circulent sur les marchés usuels et, de l'autre, de l'aveu même de la cyber gendarmerie, les transferts d'espèces demeurent, et de loin, le vecteur de transmission le plus usité parce que le plus opaque. Cela ne signifie pas qu'il faille relâcher le contrôle, notamment des crypto-devises de faible valeur, auréolées d'une grande discrétion.

Les risques liés à la finance

De loin les plus sensibles, ces risques conduisent à la formation éventuelle de bulle. Se souvient-on qu'au terme d'une fièvre éhontée s'étant étirée sur trois années une bulle spéculative affecta le bulbe de tulipe hollandais au point d'en porter le prix en février 1637 au niveau de celui d'une maison de maître en bord de canal ? Pareil sommet provoqua l'effondrement de la demande et la faillite de nombreux négociants. Triste fin, quoique non surprenante, de la première bulle financière de l'histoire ! C'est pourquoi d'aucuns n'hésitent pas à faire un parallèle avec l'évolution du cours du bitcoin : arrêté au prix de 0,001 dollar lors de son émission, coté 950 dollars début 2017, il fut propulsé à

---

[55] Une telle construction, née dans l'esprit de Charles Ponzi en 1920, forme une escroquerie qui consiste à allouer à des intervenants des rendements plantureux issus des seuls investissements nouveaux, de sorte que, lorsque ces deniers viennent à se tarir, l'ensemble de l'édifice s'écroule. L'homme d'affaires Bernard Madoff, condamné en 2009 à…150 ans d'emprisonnement avait fait sienne cette pratique.

[56] D'aucuns prétendent que le quart des transactions en *bitcoins* relèverait de l'économie informelle ou criminelle.

pas moins de 19 511 dollars en décembre de la même année, avant que d'amorcer un repli à 3760 dollars en décembre 2018 pour grimper à nouveau à 10 927 dollars à la mi-août 2019[57]. Une observation néanmoins : si bulle il y a bien eu, elle n'a engendré aucun ébranlement systémique en raison de la modicité des masses de fonds brassés. De surcroît, le rythme d'émission de crypto-devises entretient une haute volatilité des cours en provoquant des pénuries. Pour peser artificiellement sur eux, plusieurs moyens existent. Citons le procédé du « *spoofing* » qui consiste à multiplier les ordres d'achat ou de vente pour les annuler dans la foulée : déboussolés, les cours s'enflamment ou dévissent. Il existe aussi celui dit de « *la bouilloire* » qui revient à acheter massivement des actifs pour en gonfler le cours afin d'enclencher des achats de la part d'investisseurs qui, finalement, seront bernés. Ce qui est certain, c'est que la taille des intervenants importe : d'où le surnom de « *baleines* » qu'on a conféré aux plus importants d'entre eux. Toujours en matière financière, de nouveaux instruments ont vu le jour, entre autres les ICO (*Initial Coin Offerings*)[58]. Pendants des IPO (*Initial Public Offerings*) à la bourse, ils transposent le financement participatif (*crowdfunding*) dans la sphère cryptoactive. À titre d'illustration, chaque souscripteur à une levée de fonds en bitcoins perçoit des actifs digitaux (*tokens*) qu'on peut assimiler à des jetons ou à des actions dématérialisées ; en les percevant, les internautes bénéficient de privilèges directement liés au projet financé. Signalons aussi que le 23 août 2018 la Banque mondiale a lancé sa première émission

---

[57] Ce récent rebond, aux dires de spécialistes, ne serait pas étranger à l'intention de Facebook de créer en 2020 une cryptomonnaie baptisée *libra*. Toutefois, de l'aveu de son instigateur David Marcus, elle ne devrait voir le jour que si elle répond aux exigences imposées par les régulateurs.

[58] Ces instruments suivent aussi la procédure de la chaîne de blocs.

obligataire sur la chaîne de blocs à hauteur de 110 millions de dollars australiens (69 millions d'euros environ), émission menée par la Commonwealth Bank of Australia ; il s'est agi du Bond-I (*Blockchain operated new debt-Instrument*) destiné, aux dires mêmes de la Banque mondiale à « *simplifier les levées de fonds, sécuriser les échanges, et rendre le processus plus efficace* ».

Dans ce contexte inédit, puisque ni l'offre des crypto-actifs, ni leur prix, ni le volume de leurs transactions ne sont contrôlables, la Banque de France et l'Autorité de contrôle prudentiel et de résolution (ACPR) ont refusé d'interdire les conversions en crypto-monnaies et ont veillé à n'en point créer d'officielles. En revanche, elles ont préconisé une surveillance plus étroite des cryptoactifs[59] rivée à deux points essentiels : d'une part, une réglementation à l'interface entre les sphères réelle et virtuelle par l'institution d'un agrément de prestataire de service de paiement pour les plates-formes, voire d'un statut de prestataire en crypto-actifs, et, de l'autre, un encadrement strict des interventions en ce domaine pour des établissements régulés à l'instar des banques ou des sociétés d'assurance, à commencer par la prohibition d'activités de dépôts ou de prêts en cryptodevises. Ces préconisations ont été en grande partie reprises dans la loi PACTE, votée le 11 avril 2019, en ce sens que : 1/ les porteurs de projets ICO qui le souhaitent ont la possibilité de soumettre leur document d'information à un visa optionnel délivré par l'Autorité des marchés financiers (AMF) sous réserve du respect de certaines exigences ; 2/ s'ils le souhaitent, les prestataires de services sur actifs numériques comprenant tant des monnaies virtuelles que des jetons émis lors d'ICO pourront être agréés et placés sous la supervision de l'AMF,

---

[59] Cf. la note de la Banque de France éditée le 5 mars 2018 sous le titre « *L'émergence du bitcoin et autres crypto-actifs : enjeux, risques et perspectives* ».

donc être assujettis à des règles spécifiques ; 3/ par-delà ces mesures qui restent optionnelles, le texte dispose que tout acteur impliqué dans la détention d'actifs numériques pour le compte de tiers ou dans les achats/ventes d'actifs numériques contre monnaies ayant cours légal sera obligatoirement tenu de s'enregistrer auprès de l'AMF.

D'évidence et eu égard au caractère transfrontalier de ces activités[60], une harmonisation mondiale paraît souhaitable. Du reste, le G20 est d'ores et déjà saisi de la question. Dans un souci d'alerte similaire, la Banque des règlements internationaux a, en juin 2018, pointé les dangers recélés par les monnaies virtuelles, en mettant en exergue leur instabilité congénitale, leur utilisation risquée, leur consommation énergivore[61]… Dans le cadre du Système européen des banques centrales qu'elle chapeaute, la Banque centrale européenne déclare rester particulièrement attentive « *à combler les lacunes en matière de données liées aux cryptoactifs* ». Plus radicalement - cela ne surprendra pas ! -, la Banque Nationale de Chine a déclaré à l'été 2019 être prête à émettre une monnaie numérique « nationale »[62] ; de fait, cette tentative pour remplacer à terme l'argent liquide se trouve sous la pleine et entière surveillance du gouvernement. Peut-on encore faire état de cryptomonnaie ?

En définitive, que penser de ces monnaies 2.0 qui se veulent alternatives ? D'un côté, elles disposent d'un socle robuste parce qu'elles reposent sur une invention révolutionnaire, la chaîne de blocs, mais, de l'autre, elles soulèvent la question d'une gouvernance fragile.

Sur le premier point, on concédera que la création de signes cryptés à usage monétaire, fonctionnant de pair à pair, sans la moindre intermédiation, forme une innovation

---

[60] En plein essor en Afrique, spécifiquement au Nigeria et au Ghana.

[61] Le fonctionnement du seul bitcoin réclame chaque année une consommation d'électricité équivalente à celle de la Suisse…

[62] Il semble que l'Iran et le Venezuela aient une intention identique.

pionnière. Fonder la confiance uniquement à partir d'algorithmes complexes est, là encore, inédit. Enfin, prédire l'extinction des crypto-actifs semble aussi hasardeux que d'avoir pronostiqué, voici un quart de siècle, le fait qu'Internet aurait bien du mal à supplanter le minitel. Quant à prétendre que le phénomène n'est accessible - compréhensible ? - qu'à une minorité d'initiés, on se remémorera les difficultés rencontrées initialement par les utilisateurs de la carte bancaire dont on connaît pourtant le succès remporté par la suite. En réalité, et par-delà le phénomène purement monétaire, il est loisible de prophétiser le plus bel avenir au procédé de la chaîne de signatures électroniques. Véloce, sécurisé et décentralisé, il devrait toucher de nombreux domaines en y instillant de nouvelles fonctionnalités : la constitution d'un cadastrage numérique, la passation de contrats intelligents (*smart contracts*) dans le domaine notarial, immobilier ou assurantiel, la traçabilité des produits alimentaires, la facilitation du vote en ligne… en forment de probables champs d'application, en vérité illimités. C'est en ce sens que les spécialistes l'identifient à une technologie de rupture à usage général. Car, la vérité de ce nouvel avatar de la mondialisation tient en ce qu'il induit des protocoles qui, en lieu et place de la loi, sont aptes à secréter de la confiance.

Le second point, inhérent à la gouvernance, appelle une réponse plus tempérée, dans la mesure où la disruption qu'entraîne l'émergence des crypto-actifs implique un recul salutaire du centralisme, certes, mais se heurte à une vacance totale de supervision. Or, dans le monde qui est nôtre, la transition d'une posture excessive - l'État géant - à une autre qui ne l'est pas moins - l'État néant - serait infécond, voire dangereux. Aussi, dans le double but de ne pas étouffer l'initiative tout en se prémunissant de cataclysmes spéculatifs, convient-il de penser, puis de mettre en pratique une régulation la plus souple possible, et ce d'autant que toute intention de réglementation nouvelle impacte automatiquement la valeur des crypto-actifs. Les réactions des autorités publiques doivent pousser en ce sens, car les mutations organisationnelles, le recyclage professionnel et les adaptations à la vitesse de diffusion des informations à circulation verticale en dépendent amplement.

C'est reconnaître qu'en dépit d'indéniables tracas qu'elle suscite dans l'instant, l'ère numérique, dont l'aube ne fait que se lever, laisse entrevoir un avenir prometteur.

CHAPITRE 8

SUR LES CONTOURS DE LA MONDIALISATION FUTURE

Portons le regard sur le monde, laissant au temps l'instant de prendre la pause. Quelle répugnance et quel enchantement ! Quel cloaque et quelle joliesse ! Quelle déconvenue et quelle fascination ! Teintée de noirs desseins ou nimbée d'œuvres généreuses, paralysée d'inerties ou bardée d'initiatives, lestée d'anxiétés ou riche de promesses, telle se présente *terra nostra*. Cette dernière subit une onde de choc dénommée mondialisation qui n'épargne personne, ni aucun domaine : elle est tout bonnement sociétale. Ses vecteurs matériels, notables, se doublent de soubassements immatériels qui ont l'information pour cœur.

Dissimilitude des évolutions conjoncturelles, essor des flux réels et migratoires et prégnance de la finance d'une part, envol de la tertiarisation, nouvelles donnes de la gouvernance et chamboulement des modes de communication d'autre part, sont les éléments cruciaux qui circonscrivent un espace aux contours neufs. Tandis que, impulsant une authentique révolution, les bouleversements des modes de transport des hommes, des idées, des biens et des capitaux suscitent des déferlantes innovatrices qui, toutes, compriment le temps. Qu'ils soient appréhendés ou désirés, criants ou sourds, dénoncés ou célébrés, ce redécoupage de l'espace et cette compression du temps charrient interrogations, angoisses et espoirs qui, en aucun cas, ne doivent inciter à la veulerie ou à l'uniformité. Un monde sans identifiant culturel n'est que pure mécanique relevant de sciences dites dures, qui, par définition, l'excluent du champ de l'économique.

Osons donc une question : et si la mondialisation n'était qu'un mot désignant un fait aussi vieux que le radical - *mundus* - qui le fonde ? Les leçons de l'histoire inclinent à le croire. Les civilisations n'ont-elles pas cherché par la force des armes ou par l'imposition du droit à repousser leurs frontières au-delà des limites d'elles connues ? D'essence éphémère ou durable, les visées hégémoniques furent à foison : les épopées de Charles Quint, du Roi Soleil et de Napoléon, l'apothéose de l'Angleterre victorienne, les rêves égotistes et sanglants d'un Hitler ou d'un Staline, le succès avéré du matérialisme américain et l'appétit insatiable d'une Chine en ébullition ou d'une Inde en embuscade en égrènent d'authentiques exemples. Si donc au fil des millénaires les tentatives de mondialisation se sont succédé à l'aune de frontières a fortiori incertaines, elles s'apparentent de nos jours à des stratégies de domination d'espaces réels et virtuels aux dimensions quasi infinies. La conquête stellaire et les potentialités du numérique l'attestent.

Cela étant, l'expérience apprend que l'avenir est rarement mieux éclairé que par le passé : le médecin le sait, l'historien le subodore, l'économiste l'espère. Et puisque c'est du devenir de l'économie mondialisée qu'il s'agit ici, tentons d'en imaginer différents scenarii plausibles en recourant à la tradition médiévale de l'enseignement oral, connue sous le nom de *disputatio*. À la question posée s'offre une réplique, nommée *respondens*, qui soutiendra que la mondialisation sera fructueuse parce vertueuse. Une argumentation antagonique véhiculant l'idée d'une mondialisation dangereuse parce que ruineuse lui sera ensuite objectée : tel sera le temps de l'*opponens*. Et comme à la diatribe succède la synthèse, une issue qualifiée de *solutio* ébauchera les contours d'une mondialisation ambitieuse parce que sérieuse. Nul ne pouvant avancer en ignorant les circonstances, il nous faudra ébaucher une *conclusio* en esquissant les contours d'une mondialisation pragmatique.

RESPONDENS : LA MONDIALISATION SERA BÉNÉFIQUE

De prime abord, dénommons vertueuse toute mondialisation propice à l'essor. Comment, en pareille conjecture, ne pas se remémorer l'allégation du fondateur de l'économie politique - Adam Smith - selon laquelle le développement se trouvait borné par l'étendue des marchés ? Transposée dans notre époque, elle impliquerait que le négoce international tracte la croissance. En va-t-il ainsi ?

Les échanges de marchandises

La réponse fuse : l'internationalisation des échanges de marchandises, en formant un facteur déterminant d'intégration en dépit d'asymétries géographiques, techniques ou autres, a fait, à de rares exceptions près, du commerce le premier moteur de l'expansion planétaire. Si le mouvement de libéralisation impulsé depuis la fin du second conflit mondial par les cycles de négociations - les fameux *rounds* - en fut un puissant moteur, force est d'admettre qu'économies développées, nations émergentes et pays pauvres, tous confondus, en ont profité. Les statistiques publiées par l'OMC avèrent même que ce sont ces deux dernières catégories qui ont le plus bénéficié de l'élan global. Pour faire bonne mesure, on ajoutera d'une part que c'est un pays émergent qui est devenu le plus gros commerçant du monde, et, d'autre part que, parmi les trente pays qui couvrent les quatre cinquièmes du commerce de marchandises, on en dénombre pas moins quinze en état de décollage et enfin que, dans le total des flux mondiaux de biens, la part échéant aux pays les moins avancés (PMA) représente pas moins d'un sixième, tordant ainsi le cou à l'affirmation voulant que les économies dominantes interdiraient leur insertion. À croire le professeur Jagdish BHAGWATI, spécialiste reconnu des relations internationales, on assisterait même à un « *renversement ironique* » de l'histoire : tandis que, par les décennies passées, les pays développés vantaient le libre-échange et les pays pauvres le craignaient, il semble que, désormais, les premiers cherchent à s'en prémunir cependant que les seconds sont demandeurs d'une participation accrue. De fait, la mondialisation ne serait pas aussi inégalitaire que d'aucuns le prétendent.

D'évidence, ce propos favorable est à nuancer s'agissant des échanges de services, secteur dans lequel les nations développées occupent une place prépondérante tant il est vrai que la tertiarisation de leurs activités les caractérise.

Les échanges de services

Relevons cependant qu'en premier lieu les flux qui les trament sont de l'ordre du quart du volume des précédents, ce qui, de fait, en atténue l'impact, qu'ensuite, parmi les trente pays qui assurent neuf dixièmes des exportations, on recense tout de même douze nations émergentes, et qu'enfin bien des activités générées - logistique, assurance, finance… - sont étroitement corrélées aux mouvements de marchandises. Bref, en matière de services, si la mondialisation avantage les pays riches, elle est loin de marginaliser, voire d'étouffer les autres intervenants.

S'il est un autre domaine où la mondialisation peut être considérée comme fructueuse, c'est bien celui de *l'information*. L'éclosion, puis la montée en puissance de la société numérique est un des labels saillants de l'ère contemporaine. La Toile est un lieu où se rencontrent des milliards d'offres et de demandes quotidiennes à un coût d'accès négligeable, mais disposant d'une diffusion inouïe. Les flux informationnels générés favorisent le rapprochement entre entreprises du secteur traditionnel et firmes œuvrant dans les nouvelles technologies de l'information et de la communication (NTIC), tirent le commerce en ligne en inventant des métiers aussi originaux que fugaces, et engendrent des modifications profondes des modes de travail – qu'on médite la progression stupéfiante du télétravail ! –, tant à l'échelle de la direction qu'à celle de l'exécution. Aucun pays, aucun acteur économique et, demain, aucun individu ne pourra ignorer ce contexte nouveau sauf à mettre en cause sa propre survie. D'un volume comparable à celui de l'ensemble des flux de services et non exempte d'inconvénients, cette conflagration d'échanges d'informations présente de louables mérites. Elle participe au soutien de l'activité et à la création d'emplois. Elle pèse de l'ordre d'un cinquième de l'investissement total des entreprises. Elle stimule le progrès et revivifie la texture de l'économie traditionnelle, quitte à en dénaturer plus d'un aspect : les cultures transgéniques troublent l'agroalimentaire ; l'industrie des télécommunications inaugure un nouvel âge ; des microprocesseurs à rendement sans cesse amélioré aiguillonnent les productions électroniques et informatiques ; les industries du livre, du disque et des jeux accroissent leur dépendance à la Toile ; le décryptage du génome humain révolutionne les biotechnologies sans invoquer la kyrielle de firmes de services qui profite manifestement des retombées de ces configurations naissantes. Et puis, lâchons le mot : comment ne pas se réjouir que l'ère du numérique fasse trembler des régimes autoritaires, accroisse le bien-être des consommateurs et affermisse une convivialité si souvent mise à mal ?

Dans cette évocation, voici venu le tour des hommes.

Les échanges de populations

Une mondialisation se voulant vertueuse peut-elle les ignorer ? Bien qu'allant de soi, la réponse doit être balancée. Estimée à cent millions d'âmes aux alentours de la naissance du Christ, à cinq fois plus dans le Haut Moyen Age, la population du globe a franchi le seuil des sept milliards le 31 octobre 2011 ; en 2050, elle devrait atteindre neuf milliards pour se stabiliser à une dizaine à la fin du siècle. On dénombre chaque année environ deux cents millions de migrants internationaux, soit plus du double qu'il y a quarante ans et moins des quatre cinquièmes de ce qui est attendu dans quarante ans. Actuellement, contrairement aux idées reçues, trois cinquièmes des mouvements sont en provenance des pays riches contre deux cinquièmes de pays en développement, trois quarts interviennent dans guère plus de 10 % des pays, une minorité croissante se tourne vers les marchés émergents et pratiquement un migrant sur deux est de sexe féminin. Les mobiles qui sous-tendent ces flux sont tantôt économiques, tantôt politiques. Dans le premier cas, outre le travail saisonnier qui est une pratique temporaire et légale, c'est pourtant le travail clandestin qui domine, et de loin. Dans le second, le déplacement est fréquemment enduré : persécutions religieuses, politiques ou ethniques, modernité qui évince les activités traditionnelles en poussant à l'exode rural, besoins d'éducation et de formation qui contraignent au départ. En dépit de difficultés qui ne sont pas niables, ont résulté de ces flux une amélioration du niveau de vie et de l'état sanitaire des populations, une montée de l'alphabétisation, un recul tangible de la pauvreté et une augmentation de l'espérance de vie à l'échelle globale... même si, soulignons-le, les résultats n'ont pas été à la hauteur des espérances. En effet, si toutes les études menées sur la base du PIB/h ne corroborent pas la thèse du recul des inégalités, celles se référant à l'indice de développement humain la confirment.

Dans ce brassage de flux inédit dans l'histoire, celui de capitaux constitue un thème sensible, car, eux aussi abattent les frontières.

Les échanges de capitaux

Initiés par la déréglementation et le décloisonnement des marchés, les investissements en portefeuille, qui ne sont autres que des placements de fonds sur un marché financier d'un pays tiers sans volonté de contrôle a priori, ont bondi dans les années 80. Puis, au cours de la décennie suivante, ils ont été relayés par la percée inouïe des investissements directs à l'étranger (IDE) ; authentiques transferts de ressources destinés à créer une filiale ou à pratiquer des fusions acquisitions au-delà des frontières, ils ont progressé grâce à la maîtrise des coûts, à la rationalisation de la production et au contournement des législations protectionnistes. En parallèle au grossissement de pareils mouvements, les méthodes de gestion ont évolué de façon prodigieuse : les bienfaiteurs d'entreprises en création (*business angels*) allouent aux jeunes pousses (*start-up*) les mises de fonds requises ; puis, les sociétés de capital-risque abondent leurs émissions d'actions nouvelles et, à la fin, leur introduction en bourse valide le succès. Externes aux réseaux bancaires, ces mécanismes de financement demeurent néanmoins fragiles. Il est toutefois clair que la densification des transactions en capital a nourri la globalisation financière, ingrédient vital du dynamisme mondial.

Au total, la réplique en forme de *respondens* conduit à des conclusions porteuses d'espoir. Du point de vue *économique*, la mondialisation interpénètre les conjonctures, active les flux réels, migratoires et financiers, et, surtout, pousse à la modernité en accélérant la propagation de la technologie. Elle provoque d'appréciables économies d'échelle en étirant le nombre et la dimension des marchés, rapproche les nomenclatures des comptabilités nationales - fait sans lequel il n'est pas de comparaison valide - et met en exergue la préciosité de biens publics mondiaux naissants à l'instar de la biodiversité, de la connaissance ou de l'environnement. Au titre *social*, la mondialisation pousse les syndicats à épouser une vue globalisante ce qui les amène à reconsidérer une optique souvent étriquée et passéiste des relations sociales, elle favorise la montée des ONG à la légitimité pas toujours aveuglante, et elle incline plus d'un responsable à dépoussiérer des réglementations par trop sclérosées. Sous l'angle *culturel*, elle favorise l'osmose des pensées et des savoir-faire et, partant, suscite une réflexion plus éclairante et moins égoïste : autrement dit, les diversités sont mieux admises cependant que le dialogue entre les peuples apaise, voire endigue les poussées communautaires. Sur le plan *sociétal*, en révolutionnant les modes de communication, la mondialisation dessine un espace aux contours neufs et, en chambardant ceux de transport, elle induit le changement ; dans les deux cas, elle comprime le temps. Et c'est bien sous l'aspect d'*un nouvel espace-temps* annonciateur de progrès que se présente, au final, la version vertueuse de l'économie mondialisée. Les mondialistes les plus optimistes vont jusqu'à y déceler l'avènement du village planétaire. Bien que les performances des nations émergentes et la langueur de la reprise en aient infléchi le cours, il convient de reconnaître que la mondialisation, sous tous ses aspects, a résisté au choc systémique récent et, de fait, accentué sa prégnance sur les structures de toutes natures.

À cette vision ouvertement optimiste, on peut en opposer une autre, plus sombre, parce que l'appréciation critique de la mondialisation est devenue plus aiguë à mesure que la crise s'est répandue. En effet, face à ceux qui louent l'intégration montante, d'autres la fustigent au prétexte qu'ils la jugent menaçante. Leur analyse, elle aussi, n'est pas à court d'arguments.

OPPONENS : LA MONDIALISATION SERA TYRANNIQUE

Mentionnons les principaux d'entre eux.

La mondialisation enfièvre la finance, telle est la première allégation.

L'enfièvrement de la finance

La crainte que fait peser cette dernière sur le climat des affaires n'est pas feinte. Outre l'inexistence d'un système monétaire international, l'embrasement qu'a créé l'envolée des prêts hypothécaires sur le marché immobilier américain à l'été 2007 a causé une crise de confiance bancaire qui a pris un tour plantaire et s'est inscrite dans la durée. Pour éviter que l'incendie ne tourne à la catastrophe, les pays ont engagé des plans de relance au succès relatif et, de fait, creusé les déficits publics et accéléré la dérive d'un endettement déjà excessif des États. De sorte que la zone euro est devenue l'épicentre de la crise de la dette. En pareille situation, les marchés ne peuvent pas ne pas se questionner sur l'importance des émissions obligataires publiques, tandis que les places financières jouent au yoyo. Cet engrenage de la dette, publique comme privée, est, de notre point de vue, l'épée de Damoclès la plus dangereuse que le monde ait jamais connue. La situation est grave. D'abord, parce que ce sont les pays les plus développés qui gèrent le moins bien leurs finances : ainsi, la somme cumulée de leurs dettes publiques excède les quatre cinquièmes de la dette mondiale. Ensuite, parce qu'il n'existe aucune limite à l'endettement tant que sa monétisation est permise. Que la dette soit acquise par la banque centrale, par les banques commerciales dont elle assure le refinancement ou par des banques centrales de pays dotés de fortes réserves de change ne modifie en rien la donne : si la modalité d'intervention varie, l'endettement, lui, grossit inexorablement. Cette mécanique infernale est devenue imparable, au motif qu'un tel rachat se perpétue à bas taux, fait qui favorise les émetteurs. Étant donné que dans le contexte actuel une poussée des taux d'intérêt reste improbable, la dette publique peut donc continuer à filer... La seule borne imaginable peut provenir d'une lassitude du secteur privé à détenir des liquidités sans cesse plus abondantes. Il se pourrait alors que les agents recomposent leurs portefeuilles en substituant d'autres actifs à la monnaie ; l'expansion des bilans bancaires s'en trouverait freinée et, partant, l'escalade de l'endettement public ralentie, voire stoppée.

Deuxième allégation : la mondialisation déclenche une guerre des monnaies.

La guerre des monnaies

D'évidence, les trois premières puissances du monde sapent le moral monétaire du globe : la Fed américaine finance à tout-va un déficit budgétaire abyssal, la Chine sous-évalue sans vergogne le renminbi, Tokyo viole l'indépendance de sa banque centrale en la contraignant à ouvrir la vanne des crédits concédés au secteur public. Sans compter que nombre de nations émergentes – et pas qu'elles seules ! - prennent les dispositions propres à abaisser le cours de leur devise. Tandis que, en partie du fait que la BCE copartage la politique du change avec le Conseil, le cours de l'euro reste élevé, ici inquiétant des exportateurs français dont le cours de la monnaie de facturation est un élément primordial en raison d'une compétitivité défaillante et là confortant des ménages allemands qui, parce qu'ils vieillissent, redoutent comme la peste le retour d'une inflation qui rognerait leurs pensions. Cohérente, voire séduisante, la thèse est recevable, mais elle pêche à trois égards. Elle tait le fait que la guerre des monnaies préexistait : a-t-on oublié les méfaits ravageurs des dévaluations compétitives ? En deuxième lieu, elle fait fi de ce que toutes les devises ne peuvent simultanément épouser le même trend. Enfin, elle nie le caractère réversible des mouvements de change : ainsi, par exemple, si un euro fort pénalise les exportations, met emplois et salaires sous pression, incite à la délocalisation et à un gaspillage énergétique relatif, en revanche il allège la facture pétrolière et gazière, assouplit la gestion des coûts des groupes abrités de la concurrence internationale, favorise l'investissement et le tourisme hors zone. Pour toutes ces diverses raisons, l'expression « guerre des monnaies » paraît outrée.

Troisième allégation : la mondialisation induit des distorsions dans les relations commerciales.

Les distorsions commerciales

L'idée sous-jacente est que les effets néfastes de la concurrence conduisent à l'instauration d'obstacles propres à dévier les courants d'échanges. Plusieurs mobiles sont avancés. Pour des mobiles inhérents à la santé, à la sécurité etc., tel marché doit être protégé ; lorsqu'elle est menacée, l'indépendance nationale doit être invoquée ; enfin, dans le contexte actuel, la défense de l'emploi ne peut être ignorée. L'enraiement des négociations commerciales internationales a de multiples causes : le nombre de signataires du GATT, puis de membres de l'OMC est passé de 25 en 1947 à 164 en 2018 ; l'appétence de pouvoirs des pays émergents est patente ; les réticences des pays développés sont à la mesure des dangers qu'encourent leurs intérêts ; les pays pauvres se demandent si leurs besoins sont suffisamment pris en compte ; selon les thèmes, des coalitions d'intérêt très hétéroclites se font jour, sans la moindre référence partisane ; les sujets traités se sont beaucoup diversifiés ; la concurrence de l'OMC par le G7 ou le G20 en termes de décisions est fraîchement apparue ; les calages des calendriers de négociation sont difficiles ; le contenu des négociations est mal connu… Vu l'état d'interdépendance qu'a amplifié la crise, maints pays - dont les deux plus puissants ! - sont tentés par des mesures de protection, voire carrément par le repli. Si l'érection de barrières non tarifaires est fréquente, bien d'autres obstacles sont pratiqués : aides déguisées, marchés publics arrangés, plans de relance ciblés sur des intérêts nationaux, taxes pour compenser l'absence de dispositif environnemental chez un concurrent… Ainsi, sur la foi d'experts indépendants, il y aurait chaque année plusieurs centaines de décisions discriminatoires arrêtées : si Chine, Inde et Indonésie en forment le trio le plus inventif, Chine, États-Unis et Union européenne en sont les premières victimes.

Quatrième allégation : la mondialisation pulvérise les lieux de fabrication. L'épineuse question de la délocalisation surgit alors.

Les délocalisations

Les délocalisations provoquent une dislocation géographique des activités en sorte que les lieux de conception, de production et de consommation ne ressortissent plus au même territoire. Alors, les firmes se constituent en réseau afin de tirer le meilleur parti des avantages comparatifs qu'offrent les pays. Les motivations des délocalisations sont nombreuses et complexes : la densité, la qualité et le positionnement géographique des infrastructures ; le coût horaire du travail et sa flexibilité ; le degré d'évolution des techniques ; l'expérience de la commercialisation ; l'état des connaissances ; le poids de la fiscalité ; les conditions d'installation ; les possibilités financières ; le risque politique encouru ; les délais de livraison des fournisseurs ; les surcoûts de la main-d'œuvre expatriée ; la proximité de la clientèle... Tant et si bien qu'une délocalisation est loin de ne répondre à la seule comparaison des coûts salariaux, comme le colportent des arguties aussi hâtives que légères. Par ailleurs, l'appréciation portée sur les répercussions des délocalisations est d'ordinaire négative, surtout en matière d'emploi puisque la déterritorialisation des productions à haute teneur en travail gonfle le chômage dans le pays qui délocalise ; en général vérifié, ce phénomène demeure en partie controversable. Mais au passif des délocalisations, il faut encore ajouter d'autres implications qui ont *dumping* pour nom. Ici, il s'agit de *dumping social* inhérent à une couverture sociale dérisoire. Là, les entreprises pratiquent le *dumping fiscal*, satisfaites de profiter de détaxes en tout genre et/ou de « surfer » sur le flou des législations en vigueur. Là encore, elles bénéficient du *dumping monétaire* dû à la sous-évaluation de la devise locale. Quant au *dumping environnemental*, il ne doit pas être ignoré dans la mesure où, dans les pays développés, les coûts de dépollution vont croissants alors que, dans nombre d'économies émergentes, ils sont sciemment exclus des comptes. D'autres dérèglements inadmissibles dérivent du processus en question : l'exploitation des enfants, le travail au noir, les contrefaçons, les détournements de trafic, les pratiques douteuses...

Cinquième allégation : la mondialisation néglige l'enjeu des ressources planétaires.

L'épuisement des ressources

Il n'est pas d'essor concevable sans prise en compte des ressources existantes, énergétiques ou non ; peu ou prou, l'économie de demain en dépend. Deux questions se posent, celle des quantités et celle des prix. Pour ce qui est des quantités, un rapport intitulé « *Halte à la croissance* » avait fait grand bruit il y a près d'un demi-siècle en dénonçant, non sans pertinence, la consommation effrénée des ressources rares. Les décennies passant, la question est devenue moins aiguë dans la mesure où les comportements des nations sont devenus plus raisonnables et où le concept de développement durable a gagné pignon sur rue. Ensuite, au virage de notre millénaire, les tensions qui se sont manifestées dans le domaine alimentaire et la pression exercée par la demande des pays émergents ont remis la question sur le devant de la scène. Les ressources disponibles apparaissent de plus en plus comme des contraintes au caractère militaire duquel il sera difficile d'échapper. Sans compter le fait que les quantités physiques de matières échangées ont engendré d'innombrables marchés de produits dérivés au caractère volatil aussi impressionnant que dangereux. Pour ce qui est des prix, plusieurs constats s'imposent. La raréfaction, voire l'épuisement de la ressource énergétique les tend ; la financiarisation croissante des modalités de règlement favorise la prise de position spéculative ; l'approvisionnement en métaux minéraux traditionnels impliquant des coûts d'exploitation en progression pousse les cours à la hausse ; finalement, l'hyper concentration géographique en Chine des *terres rares* laisse entrevoir de rudes batailles dans les technologies et secteurs de pointe. De surcroît, comment oublier les matières premières agricoles que les spécialistes nomment *denrées* ? D'évidence, en subissant à la fois un déséquilibre offre/demande qui s'accentue et des négociations qui portent davantage sur des anticipations de production que sur les productions effectives, les prix sur ces marchés suivent une tendance haussière. Les pays pauvres ne peuvent qu'en pâtir.

Sixième allégation : la mondialisation est perverse.

La perversité de la mondialisation

C'est vrai dans le domaine de la finance où les agences de notation, fortes d'une position oligopolistique et dégageant des marges plantureuses, induisent des effets de sur réaction et exercent un diktat aux conséquences plus que discutables. C'est vrai des paradis fiscaux qui permettent à de grandes banques, à des firmes multinationales et à plus d'une grosse fortune de conjuguer dans l'allégresse optimisation et évasion fiscales. C'est vrai en matière d'information où la mondialisation provoque des ruptures sociologiques parce que l'individualisation exacerbée suscite une métamorphose des valeurs de référence : l'esprit pionnier est célébré, la réussite admirée, l'appât du gain avoué, l'argent sacralisé. C'est vrai sur la scène politique où, après la chute de tant de dictatures qui la bâillonnaient, l'information se déverse en quantité, sa qualité demeurant méticuleusement filtrée. Une démocratie faite d'ombres, de symboles et d'apparences s'est emparée de la situation, pervertissant à l'envi le jeu institutionnel. C'est enfin vrai du terrain social où une marchandisation excessive, un culte de la rentabilité, la cybercriminalité ou encore de dangereux réseaux maffieux prospèrent ouvertement.

Septième allégation : la mondialisation malmène la vie.

Le malmenage de la vie

La déstructuration *sociale* prend un tour planétaire : près d'un homme sur trois vit en lisière du seuil de survie tandis qu'un sur six n'a pas de logement et ne dispose pas d'eau courante ; bien des pandémies, dont celle du SIDA, font des ravages ; la mise au travail précoce des enfants est estimée à deux cents millions d'âmes et l'abus qu'on en fait, entre autres sexuel, est criminel. Loin de se rétrécir, l'écart de richesse entre les nations se creuse, l'ordre d'idée à retenir étant qu'un quart des nations détient les quatre cinquièmes de la richesse mondiale. Au surplus, la dispersion de cette distribution s'étire continûment. Sans faire état des rythmes de travail, de la précarité des statuts, du broyage des droits de l'homme, des surcharges de toutes sortes... Fait neuf, les inégalités semblent s'accentuer au sein même des nations. L'exclusion s'y étend, l'isolement y est patent, le mal-vivre social y est si tangible qu'on peut se demander si le progrès n'est pas devenu inégalitaire.

La considération *culturelle* ne peut, elle aussi, être écartée car, à force de jauger les actes à la seule aune économique, les finalités sociales s'estompent : c'est faire l'égoïsme triompher. Quant au langage universel, l'anglais, il tisse sa pelote et en profite pour répandre la pensée unique, niveler les savoirs, uniformiser les modes de vie et abolir les traditions, y compris culinaires. La mondialisation désagrège les configurations sociales parce qu'elle vide la politique de sens. Confinée au culte de l'économisme, la culture se réfugie dans l'étriqué, le dérisoire, l'ignorance de l'autre... Le tissu social se trouve sclérosé en son cœur.

Il en va de même du plan *anthropologique* qui déborde le champ culturel, s'il ne l'englobe, car il fait poindre d'autres éléments de nature à élucider la fissuration de nos sociétés : l'ébranlement des valeurs en est un, la baisse du niveau culturel un autre, le déclin des croyances collectives un troisième… Longue est la litanie.

Parmi ceux qui portent un regard pessimiste sur la mondialisation, dont altermondialistes, libertaires et souverainistes fournissent les gros bataillons, la conclusion est sans appel : inapte et néfaste, la mondialisation doit être combattue, voire basculée.

SOLUTIO : LA MONDIALISATION SERA POLITIQUE[63]

La tâche est ardue, certes, mais ne doit pas inhiber la réflexion. Trois options s'offrent à nous. La première acte la donne présente et propose d'en accentuer les tendances. Critique, la deuxième s'évertue à déblayer une piste forcément dissemblable. Soucieuse des contraintes tout en ne taisant pas ses ambitions, la troisième cherche à marier le possible et le raisonnable. Trois scenarii plausibles doivent donc être déroulés.

La thèse de l'accélération

Le premier scénario prolonge en les exacerbant les tendances contemporaines. Puisque l'agressivité en est le moteur, il ciselerait les contours du *modèle de la mondialisation compétitive.* Il transpose à l'échelle

[63] Ce passage reprend des éléments d'analyse développés dans notre ouvrage intitulé « *Problèmes économiques contemporains* », op.cit., p.128 et ss.

planétaire l'allégorie de Bernard de Mandeville en alléguant que le fait pour une nation de poursuivre ses propres intérêts la ferait ipso facto contribuer à la prospérité de la ruche universelle. Le philosophe de l'école physiocratique, Pierre-Paul Le Mercier de La Rivière, ne raisonnait pas autrement. Dans le monde multipolaire qui est le nôtre, force serait alors de *valoriser à outrance les avantages comparatifs* de telle manière que les pays du Nord bénéficient des atouts inhérents à leurs connaissances et à leurs savoir-faire, et ceux du Sud des bienfaits d'une main-d'œuvre pléthorique et bon marché. Des spécialisations plus fines en matière d'ingénierie, de finance, d'éducation, de santé, de tourisme, etc. pourraient être facilement imaginées au sein de ces blocs. Division internationale du travail qui n'est plus à démontrer et hyper compétitivité que la frénésie du *low cost* a déjà inaugurée deviendraient les maîtres-mots de ce paradigme. Incontestablement hardi, ce dernier se heurte à trois écueils : la propension naturelle des nations à déborder leur aire d'intervention, avivant d'inévitables rivalités ; le coût et le temps nécessaire à la reconversion obligée des personnes ; la survenue d'une violente bataille juridique, car pour les États comme pour les entreprises, *la course aux normes est un ingrédient vital de la compétition.* Sur ce point, ayons claire conscience que l'opposition frontale entre pays développés enclins à protéger une avance qu'ils sentent menacée et pays émergents inventeurs de protections favorables à leur unique essor constitue un gisement de conflits qu'on aurait tort de sous-estimer.

Trois autres questionnements dérivent de ces constats. Le premier tient dans *l'aiguisement des stratégies de puissance technologique des nations*, en amont par des efforts de recherche-développement redoublés, en aval par des politiques de domination des marchés ; en d'autres termes, le placement de la taille critique au cœur des zones de conquête laissera pour compte tous les pays qui n'auront pas les moyens de l'engager, c'est-à-dire beaucoup. Une deuxième interrogation réside dans la conjugaison entre géo économie et géo politique : comment, en effet, concevoir des relations commerciales entre blocs sans imaginer la formation d'alliances nées du simple jeu des interdépendances ? Aux mondialisations économique, financière, technique et juridique succéderait *la mondialisation militaire* : Rome qui s'orthographia Londres avant que de se prononcer Washington s'écrira Pékin demain. Quant au troisième sujet de méditation, il touche à la probable *asiatisation* du monde. Usine du globe, investisseur à l'étranger de tout premier plan, concepteur inlassable de percées techniques, acteur financier ingénieux et réservoir démographique sans égal, l'Asie n'a de cesse de cimenter le socle d'une position dominante. Là transparaît un des principaux visages de l'économie mondialisée de demain.

La thèse du repli

Le deuxième scénario, enclin au repli, qui pourrait être réputé *modèle de la mondialisation inversée* se décline sur trois plans, international, monétaire et économico-politique. *Un nouveau protectionnisme* forme la première suggestion. Il est préconisé pour régir les relations commerciales au prétexte que nombre de pays privilégieraient des accords régionaux plutôt que mondiaux ; en d'autres termes, tout en veillant à réglementer la concurrence entre elles, des zones de libre circulation ou des unions douanières se substitueraient à la libéralisation ambiante. Cette conjecture sonnerait le glas sinon du libre-échange, du moins de l'OMC. Pour ses partisans, les échanges seraient plus intenses au sein des régions supranationales qu'entre elles parce que les niveaux de vie y seraient plus homogènes. En résulteraient deux avantages, l'interruption du nivellement par le bas des salaires qui pourraient évoluer au rythme réel de la productivité et l'arrêt des pratiques commerciales déloyales qui, à l'instar des toutes les formes de dumping, apporterait plus de justice dans les transactions. En revanche, les inconvénients d'une telle démarche ne manquent pas : ils s'appellent contraction du volume des échanges, vecteur incontesté de la croissance mondiale, érosion d'un pouvoir d'achat jusque-là garanti par l'importation de produits de consommation usuelle à vil prix, restriction des choix des consommateurs et des investisseurs, freinage de la diffusion de l'innovation, enclenchement de rétorsions commerciales à répétition. La deuxième suggestion de repli consiste à décréter, puis à organiser le *chacun pour soi monétaire*. Ainsi en irait-il de la sortie de l'euro de tel ou tel pays. Si, sur le papier, la médication paraît tentante car d'allure chirurgicale, elle comprend de nombreuses difficultés : *politique*, car les partenaires seraient loin d'être à l'unisson, les négociations prendraient beaucoup de temps et, à la différence d'un retrait de l'Union, l'exclusion d'un pays de la zone euro n'est pas prévue dans les traités ; *financier*, parce que, soit maintenue en euro, soit convertie en ancienne monnaie nationale, la dette existante du pays sortant ne serait guère tenable, car elle induirait un risque de défaut préjudiciable aux prêteurs, un risque de contagion à d'autres économies en état de faiblesse (*effet domino*) et un risque de dépréciation à court terme du cours de l'euro ; *bancaire*, vu le grand nombre d'établissements nationaux et étrangers qui seraient à court de liquidités et inaptes à en attirer de nouvelles ; *économique*, étant donné que les partenaires commerciaux dudit pays se protégeront des effets de la dévaluation initiée par lui en érigeant des barrières en tout genre ; *social*, par la montée conjointe de l'inflation et du chômage ; *sociétal*, par les radicalisations probables que provoquerait l'addition des mécontentements dû au coût de sortie qui, aux dires des experts, se monterait à dix mille euros par habitant la première année pour se stabiliser à trois ou quatre mille les années suivantes. Le chacun pour soi monétaire se perçoit aussi au travers des politiques non conventionnelles qui se traduisent par une facilitation des règles de refinancement - « *quantitative easing* » - garantissant un niveau particulièrement bas des taux d'intérêt. Avantageuse à court terme, cette option laisse plus que perplexe à la longue : elle suscite une création monétaire injustifiée, favorise les débiteurs, engendre des bulles, dispense plus d'un dirigeant à conduire des réformes courageuses et, en cela, constitue un pernicieux aléa moral, et laisse plus que songeur sur ses effets durables sur l'emploi et sur les modalités de sortie. Au fond, l'hystérèse contemporaine de l'endettement des États rappelle à s'y méprendre les traites sur l'avenir que tirait dans la plus parfaite insouciance Emma BOVARY. Méditons l'issue inévitable de pareille attitude.

Troisième suggestion incluse dans le modèle de l'inversion, *la démondialisation.* La contraction des flux de toutes natures intervenue en 2008-2009 laisse penser que la mondialisation, naguère considérée comme inéluctable, voire comme point terminal de l'histoire, serait réversible. Ce concept, forgé initialement par le professeur Walden BELLO, a séduit les contestataires du rôle jugé excessif de l'OMC, les partisans d'une meilleure régulation de la finance mondiale et les militants de la reterritorialisation de la production. Force est d'admettre que, dans le contexte présent, un fait neuf a surgi, celui de la relocalisation. Insatisfaites de leur sort, inquiètes du devenir local, soucieuses de l'éparpillement du management, victimes de la rupture des liens entre centres de conception et lieux de production, bien des firmes rapatrient leurs activités naguère délocalisées. Toutefois, si la relocalisation est quelque peu en vogue, c'est bien parce que la délocalisation comporte des coûts : coûts de coordination des réseaux, coûts de recherche de partenaires compétents et fiables, coûts de transmission des informations, coûts des aides à engager, coûts de dépendance politique, coûts de systématisation de la contrefaçon, coûts de réactivité, sans compter les coûts d'un retour du chômage de masse et d'un indéniable déclin industriel. Efficacité et lisibilité en sont automatiquement troublées, d'autant que la vitesse du changement est rapide. Si la reprise de l'activité, fût-elle timide, est venue contredire la thèse du repli, il est juste de reconnaître que la mise en place de protections mutuellement avantageuses au Nord comme au Sud mériterait d'être creusée. En vérité, plutôt que de démondialisation, néologisme aux relents électoraux aguicheurs, ne serait-il pas plus judicieux de faire état de mondialisation à géométrie variable indiquant par là qu'il n'existe aucune domination pérenne ? Autrement dit, la mondialisation se poursuivrait, tandis que son centre de gravité migrerait.

La thèse du réalisme

Par-delà les épures d'une compétition avivée et d'une démondialisation romanesque, toutes deux fatalistes et guère enthousiasmantes, ne convient-il pas d'opposer le bon sens à l'utopie, la négociation au conflit, le dialogue à la menace, l'espoir à la peur ? Plus banalement, au lieu d'être aiguillonnée ou contrée, la mondialisation doit être stabilisée. Si on désire éviter que le processus de fragmentation sociale prospère, il importe que le pouvoir et la démocratie épousent leur temps, donc raisonnent et agissent dans un espace qui ne nie pas, mais au contraire intègre la mondialisation et ses implications. C'est alors que le *modèle de la mondialisation maîtrisée* invite à gérer le réel. Son ambition tient en deux exigences : le remodelage de la gouvernance et le respect de l'humain.

L'instauration d'*une authentique gouvernance mondiale* ne relève pas de l'Arlésienne, mais vise autant que faire se pourra à instiller une dose de contrôle dans le fonctionnement d'un monde en proie à l'excès. Bien sûr, rétorquera-t-on, pourquoi superposer aux structures existantes - ONU, OMC, FMI, OMS, OIT, UNESCO, BIRD... - de nouveaux organes de régulation ? Pour essentiellement deux raisons : d'abord, parce que les institutions susnommées ne disposent que d'un périmètre de compétence cerclé - politique, commercial, monétaire, éducatif, sanitaire, culturel...- et non d'une aire d'intervention globale, ensuite parce qu'au sein de la plupart d'entre elles un rééquilibrage des pouvoirs doit être repensé au profit des pays émergents. C'est pourquoi, sans former la panacée, l'activation du G20 pourrait tracer un sillon prometteur. On répliquera que les objectifs poursuivis par ses membres ne sont pas similaires, les pays développés se focalisant sur la stabilité financière et la relance, les pays émergents sur le calage de leur croissance sur la demande interne et sur les voies et moyens d'ingérer la démocratie. On objectera également, non sans raison, que toute décision que le G20 prend s'aligne sur le plus petit commun dénominateur ; mais, à y réfléchir, et ce qui est tout autant vrai, c'est que ce dénominateur repose tout de même sur l'entente de pays qui représentent pas moins de neuf dixièmes de la richesse du monde, quatre cinquièmes du commerce international et deux tiers des habitants du globe. Outre cet aspect représentatif, son caractère politique minore le risque de l'avènement d'une gouvernance technocratique. Enfin, sans lui conférer une vocation universelle, on pourrait lui confier le soin de juger du bien-fondé des normes, économiques, financières, sociales, sanitaires, environnementales etc., authentiques poisons des transactions planétaires.

Finalement, se pourrait-il à l'avenir d'appréhender une gouvernance digne de ce nom sans *respect de l'humain* ? Les guerres, les maladies, le climat, la faim, l'impéritie politique et le fanatisme font souffrir tant d'hommes sur notre mappemonde et il ne faudrait porter sur celle-ci qu'un regard froid, embué par la productivité ou baigné d'idéologie ? Non, trois fois non. La percée de nombreuses classes moyennes, le statut des personnes, la séparation des familles, la réalité des transferts d'épargne, la fuite des cerveaux, les poches de sous-emploi, les disparités de rémunération et de conditions de vie, les types de couverture sociale, les coexistences culturelle et cultuelle, le mal-vivre et, surtout, le mal-être, tout, absolument tout, renvoie à la condition humaine. En d'autres termes, l'impact de la société civile ne doit pas, demain, être davantage occulté qu'hier, et les progrès dans l'assimilation des cultures doivent empêcher toute marche forcée.

CONCLUSIO : LA MONDIALISATION SERA PRAGMATIQUE

Tentons de conclure sur ce monde si turbulent qui est le nôtre et qui reste aussi inquiétant que porteur d'espoirs.

Les motifs d'inquiétude

Le premier motif d'inquiétude a trait à la pauvreté dont l'enjeu a la vie pour nom. Maints déboires accablent les contrées en retard : la faim, la malnutrition, les maladies, les fléaux naturels, l'endettement, la dépendance aux exportations, les tensions sur les taux d'intérêt et de change, les carences éducatives et sanitaires, la baisse des transferts des migrants... réalités qu'aggravent l'étendue de la corruption, l'impéritie de tant de dirigeants voire les appétits de puissances étrangères. Sur cette désolante litanie se greffent deux autres données : l'insuffisance de l'aide publique internationale (147 milliards de dollars en 2017, chiffre très en retrait par rapport à la cible des 0,7 % du PIB des pays donateurs) et l'instabilité des cours des denrées alimentaires. Et puis, comment nier l'impact de la fuite des capitaux, du fleurissement du commerce des armes, des ravages des conflits ouverts ou larvés, de la location et/ou de l'acquisition de terres arables par des nations étrangères qui en sont dépourvues, de l'extension des pandémies, de la montée du terrorisme, des trafics en tout genre, de l'itinérance de la matière grise ? On l'a compris : beaucoup a été fait (dons, remises de dettes, aides d'urgence, coopérations techniques, recul de l'extrême pauvreté, meilleure sécurisation alimentaire, alphabétisation, accords en tout genre), mais bien davantage reste à faire. Un regard éteint dans un corps difforme n'exige-t-il pas qu'on tende la main ?

Le second mobile d'anxiété a trait à l'environnement et conditionne, lui aussi, la vie. Si des avancées se sont produites sous l'impulsion d'une salutaire prise de conscience du concept de développement durable, les défis restent immenses et le deviennent davantage quand l'enjeu écologique vire au diktat partisan. Pour s'imprégner de l'ampleur de la tâche, qu'on songe, pêle-mêle, à la dégradation de la biodiversité, au réchauffement climatique, aux interactions entre la biocénose et le biotope qui perturbent les écosystèmes, aux saillies des déserts, à la fonte des glaces, à la contamination des sols, aux disponibilités en eau, aux déforestations, à l'amoncellement des déchets plastiques, des résidus nucléaires ou des débris spatiaux… Avertis de l'ampleur de ces enjeux, des accords sur le climat ont été signés. En vertu de ces derniers, le réchauffement de la planète ne devrait pas excéder deux degrés, et si possible moins, à l'horizon 2100. Aux conditions expresses que les participants tiennent leurs engagements en matière de réduction de gaz à effet de serre, que les émissions globales soient comprimées de plus de 40 à 70 % d'ici à 2050 et qu'elles soient stabilisées dans la seconde moitié de ce siècle, que la clause de révision quinquennale des efforts entrepris joue à plein, que les pays acceptent de revoir à la hausse leurs ambitions dès 2025, que les cent milliards de dollars annuels devant doter le « Fonds vert pour le climat » promis au monde en développement lui soient alloués…

Pourtant, le monde n'est pas que désespérance, et ce, là aussi, pour au moins deux raisons.

Les motifs d'espoir

En premier lieu, jamais une phase de l'histoire n'aura autant réussi à comprimer le temps, tout en en allongeant celui de vivre. Il y a là quelque chose de paradoxal et de fascinant. Depuis un siècle, tous les modes de transport ont vu leur vitesse accélérée, même si la physique, la santé ou la sécurité ont contraint de la borner. Individus, biens, services et informations en ont tous bénéficié amplement. En la matière, l'économie du numérique a connu les progrès les plus fulgurants : microprocesseurs miniaturisés, capacités mémorielles élargies, logiciels affinés, capteurs hyper sensibilisés, bandes passantes densifiées, « cloud » infini, algorithmes pertinents, intelligence artificielle congrue… tout concourt à abréger le temps de propagation des flux, à amputer les coûts, à gommer les frontières. Notre monde n'est encore que sur le pas de porte de la maison « innovation ». En a-t-on claire conscience ?

Une nouvelle aube se lève sur la conquête de l'espace, et là réside notre second message d'espoir. Si elle est en soi limitée, la dimension de notre globe est-elle de nous connue ? Non, tant s'en faut. Enfouies sous la calotte glaciaire, des richesses pétrolières et gazières aiguisent les appétits des pays limitrophes ; concrétions rocheuses gisant dans les hauts fonds, les nodules polymétalliques regorgent de métaux dont les terres s'épuisent (manganèse, nickel, cobalt, cuivre, fer, aluminium, etc.) ; une gestion intelligente des réserves d'eau, prodigieuses en Afrique, préfigure l'aménagement de vastes territoires ; l'essor des énergies renouvelables implique d'autorité une réappréciation de l'espace... Bref, on l'a saisi, la thèse d'un déclin annoncé n'est guère porteuse. Et puis, l'homme ne tourne-t-il pas de plus en plus son regard vers les étoiles ? Qui ne se souvient de l'exploit du lancement du premier satellite russe autour de la terre en 1957 ? Qui ne garde en mémoire, douze ans plus tard, la prouesse américaine de faire marcher deux hommes sur la lune ? Qui peut nier les progrès fantastiques que formèrent les lancements du télescope Hubble, les quelque quarante-cinq ancrages tentés sur la planète Mars depuis 1960, la cohorte d'expériences orchestrées dans la station spatiale internationale, la réussite de la sonde européenne Rosetta qui, après un voyage de quatorze années et deux ans de rotation autour d'un noyau cométaire, a réussi à y propulser l'atterrisseur Philae ? Qui n'a applaudi aux explorations des planètes lointaines - Vénus (1962), Jupiter (1973), Mercure (1974), Saturne (1979), Uranus (1986), Pluton (2015) - ou à la tentative actuelle de percer les mystères des « îles magiques » de Titan, la plus grosse lune de Saturne, grâce à la sonde Cassini qui, partie en 1997 et après avoir fait se poser l'atterrisseur européen Huygens en 2004, s'est disloquée à l'été 2017, non sans avoir glané quantité de renseignements sur les mystérieux anneaux... ? Qui peut soupçonner les découvertes que moissonnera le télescope JWST (James Webb Space Telescope) qui sera lancé en 2020 et dont la puissance sera... cent fois supérieure à celle de Hubble ? Nous n'avons ni le temps, ni les compétences pour relater l'histoire de la conquête spatiale. Mais, de l'aveu de tous, elle est proprement sidérante. Au XIXe siècle, un écrivain de génie, Jules Verne, dont, de son vivant, plus d'un scientifique se gaussait sous cape, imaginait l'exploration des fonds sous-marins de même que le lancement d'un projectile habité de trois hommes vers la lune. Une poignée de décennies après sa disparition, le rêve devint réalité. Alors, si on prétend qu'au siècle prochain, voire peut-être avant, hommes et marchandises peupleront des convois interplanétaires, doit-on passer pour désaxé ?

La mondialisation qui est nôtre et qui inquiète, pas forcément à tort, n'est qu'une lucarne qui s'entrouvre vers de tout autres horizons. Demain, elle embrassera d'autres dimensions et épousera une autre chronométrie. Et si notre mondialisation préfaçait une *universalisation* de la chose et du raisonnement économiques ? De quoi méditer, non ? Face à cette aube nouvelle, sachons raison garder en nous souvenant que Dame Nature est d'humeur changeante : tantôt elle féconde, tantôt elle foudroie, c'est selon.

Aussi, tout en restant à l'écoute des leçons de l'histoire, il est vital d'accompagner les mutations requises. Rien n'est plus infécond que de tirer des plans sur la comète car, à l'approche du halo solaire que cristallise la réalité des faits, ne subsiste bientôt qu'une nébulosité diffuse qui nimbe le regret. Le devenir d'une économie mondialisée acceptable ne peut ignorer les contingences.

APPENDICE

APHORISMES ÉCONOMIQUES

Accord : avancée humaine.
Anticipation : sagesse comportementale.
Balance des comptes : synthèse des relations partenariales.
Bourse : temple privé dont la collecte comble le déficit public.
Capital : étincelle du processus productif.
Capitalisme : mode de production et non système de pensée (cf. libéralisme).
Chômage : gâchis humain et misère sociale.
Compétitivité : enfant légitime de gouvernements et de partenaires sociaux lucides.
Congés : spécialité française.
Consommation : satisfaction des besoins.
Coût : donnée incontournable.
Crédit : aiguillon des forts, poison des faibles.
Crise : mot galvaudé, en fait une phase de cycle.
Croissance : terme devenant suranné ?
Cycle : vie économique.
Déclin démographique : suicide des nations.
Déficit public : floute l'avenir, s'il ne l'obère.
Délocalisation : vrai problème, fausse solution.
Démondialisation : loufoquerie d'apeurés.
Division du travail : procédé réputé moderne, mais vieux comme le monde.

École de pensée : agglomérat d'idées centripètes, puis centrifuges.
Emploi : exigence première des nations.
Endettement public : cancer dont la seule rémission est la ponction fiscale.
Épargne : sacrifice aujourd'hui, récompense demain.
Équilibre : cœur des modèles et antipode de la réalité.
Formalisation : à utiliser avec modération.
Euro : semence ou gangrène d'Europe, c'est selon.
Indexation : rigidité rassurante, mais peu pertinente.
Indice : clignotant utile.
Innovation : fruit de la gestation d'idées originales (cf. invention).
Intérêt : rétribution légitime d'une privation.
Invention : ovule fécondable propre à engendrer une innovation.
Investissement : arbitrage en faveur du futur.
Laisser-faire : refus absolu d'agir qui, historiquement, n'a jamais existé.
Libéralisme : système de pensée et non mode de production (cf. capitalisme).
Libre-échange : bonne idée, mauvais slogan.
Loi économique : concept louche, voire interlope.
Marché : porteur d'activités.
Modèle : maquette pour les uns, relique pour les autres.
Pauvreté : honte des nations.
Politique économique : espoir ici, déconvenue là.
Prévision : naguère éclairante, aujourd'hui hasardeuse.
Prix : reflet monétaire plus ou moins approprié d'une valeur.
Productivité : discernement de gagnants.
Profit : carburant de l'essor.
Protectionnisme : frilosité temporaire masquant une déficience durable.
Recherche & Développement : dépense salutaire à demain.

Revenu : du moment qu'il est justifié, rémunération sans plafond.
Socialisme : doctrine née au XIXe siècle, épousée au XXe, enterrée au XXIe.
Stagnation : fille de l'attentisme.
Taux d'intérêt : unique dans la théorie, multiple dans la réalité.
Temps : unité de compte tantôt historique, tantôt analytique.
Théorème : terme circonspect.
Théorie : appréhension dénuée de magie.
Ultra libéralisme : libéralisme.
Ultra socialisme : politiquement incorrect.

TABLE DES MATIÈRES

Structures éditoriales du groupe L'Harmattan

L'Harmattan Italie
Via degli Artisti, 15
10124 Torino
harmattan.italia@gmail.com

L'Harmattan Hongrie
Kossuth l. u. 14-16.
1053 Budapest
harmattan@harmattan.hu

L'Harmattan Sénégal
10 VDN en face Mermoz
BP 45034 Dakar-Fann
senharmattan@gmail.com

L'Harmattan Cameroun
TSINGA/FECAFOOT
BP 11486 Yaoundé
inkoukam@gmail.com

L'Harmattan Burkina Faso
Achille Somé – tengnule@hotmail.fr

L'Harmattan Guinée
Almamya, rue KA 028 OKB Agency
BP 3470 Conakry
harmattanguinee@yahoo.fr

L'Harmattan RDC
185, avenue Nyangwe
Commune de Lingwala – Kinshasa
matangilamusadila@yahoo.fr

L'Harmattan Congo
67, boulevard Denis-Sassou-N'Guesso
BP 2874 Brazzaville
harmattan.congo@yahoo.fr

L'Harmattan Mali
Sirakoro-Meguetana V31
Bamako
syllaka@yahoo.fr

L'Harmattan Togo
Djidjole – Lomé
Maison Amela
face EPP BATOME
ddamela@aol.com

L'Harmattan Côte d'Ivoire
Résidence Karl – Cité des Arts
Abidjan-Cocody
03 BP 1588 Abidjan
espace_harmattan.ci@hotmail.fr

L'Harmattan Algérie
22, rue Moulay-Mohamed
31000 Oran
info2@harmattan-algerie.com

L'Harmattan Maroc
5, rue Ferrane-Kouicha, Talaâ-Elkbira
Chrableyine, Fès-Médine
30000 Fès
harmattan.maroc@gmail.com

Nos librairies en France

Librairie internationale
16, rue des Écoles – 75005 Paris
librairie.internationale@harmattan.fr
01 40 46 79 11
www.librairieharmattan.com

Librairie l'Espace Harmattan
21 bis, rue des Écoles – 75005 Paris
librairie.espace@harmattan.fr
01 43 29 49 42

Lib. sciences humaines & histoire
21, rue des Écoles – 75005 Paris
librairie.sh@harmattan.fr
01 46 34 13 71
www.librairieharmattansh.com

Lib. Méditerranée & Moyen-Orient
7, rue des Carmes – 75005 Paris
librairie.mediterranee@harmattan.fr
01 43 29 71 15

Librairie Le Lucernaire
53, rue Notre-Dame-des-Champs – 75006 Paris
librairie@lucernaire.fr
01 42 22 67 13

www.ingramcontent.com/pod-product-compliance
Lightning Source LLC
LaVergne TN
LVHW021208061026
849333LV00008B/2632